淘宝大学电子商务
人才能力实训（CETC系列）

网店运营

淘宝大学 / 编著

淘宝大学教程
CETC认证书籍
提高版

电子工业出版社
Publishing House of Electronics Industry
北京·BEIJING

内 容 简 介

中国电子商务经过逾20年的发展至今已有相当规模，行业规模急速扩张，企业却陷入用人难的困境。目前，整个行业对专业人才的需求缺口高达400多万人，人才总量不足、专业人才缺乏的情况严峻。为了缓解企业电商人才短缺的现状，淘宝大学特别推出了CETC电商人才能力认证体系，针对不同层级和专业的电商人员提供学习和能力认证，培养电商实战人才。

在全套三本书籍中，《淘宝大学电子商务人才能力实训（CETC系列）——网店运营、美工视觉、客服（入门版）》，针对电子商务零基础人员及预备创业人员，以知识、理念普及和创业引导为主；《淘宝大学电子商务人才能力实训（CETC系列）——网店运营（提高版）》，也就是本书，针对电子商务行业基层从业人员，以提升网店运营岗位实操技能为主；另外一本书，《淘宝大学电子商务人才能力实训（CETC系列）——网店美工视觉与客服（提高版）》以提升网店美工与客服岗位实操技能为主。

本套书籍由淘宝大学组织20余名淘大认证讲师和行业专家，依托淘宝大学与美的、森马、三只松鼠等11家电商标杆企业共同制定的电商人才能力标准及知识体系，历时近一年的时间完成。其可作为CETC启蒙级、初级学员及高校电商专业学生和电商企业基层人员的学习教材。

未经许可，不得以任何方式复制或抄袭本书之部分或全部内容。
版权所有，侵权必究。

图书在版编目（CIP）数据

网店运营：提高版 / 淘宝大学编著. —北京：电子工业出版社，2018.1
（淘宝大学电子商务人才能力实训. CETC系列）
ISBN 978-7-121-32633-2

Ⅰ.①网… Ⅱ.①淘… Ⅲ.①网络营销 Ⅳ.①F713.365.2

中国版本图书馆CIP数据核字（2017）第215723号

策划编辑：张彦红
责任编辑：高洪霞
印　　刷：天津千鹤文化传播有限公司
装　　订：天津千鹤文化传播有限公司
出版发行：电子工业出版社
　　　　　北京市海淀区万寿路173信箱　　邮编 100036
开　　本：787×980　1/16　印张：16.25　字数：260千字
版　　次：2018年1月第1版
印　　次：2021年9月第11次印刷
定　　价：69.80元

凡所购买电子工业出版社图书有缺损问题，请向购买书店调换。若书店售缺，请与本社发行部联系，联系及邮购电话：（010）88254888，88258888。
质量投诉请发邮件至zlts@phei.com.cn，盗版侵权举报请发邮件至dbqq@phei.com.cn。
本书咨询联系方式：（010）51260888-819，faq@phei.com.cn。

序 言

中国电子商务经过逾20年的发展,网络零售总额已占到中国社会消费品零售总额的15%以上(2016年),商务部印发的《商务发展第十三个五年规划纲要》中更是预计,到2020年中国电子商务交易规模将达到43.8万亿元。行业规模急速扩张,企业却陷入用人难的困境。目前,整个行业对专业人才的需求缺口高达400多万人,人才总量不足、专业人才缺乏的情况严峻。电子商务从业人员的供需不平衡和从业人员的能力不足已经成为制约行业发展的重要因素,尤其是有一定专业认知和经验的基层电商人才的短缺,导致大量的电子商务中小企业出现无人可招的困局。同时,大中型企业的基层电商人员在内部培养中也出现了无标准可循、知识体系更新不及时的问题。

此外,作为培养行业基础人才的高校,部分高校电子商务专业的专业定位、教材中教学内容与社会实践所需都有较大的差异。这也导致了实际运作中许多从学校招聘的基层人员能力达不到企业预想的技能要求。

为了推动解决企业电商人才的短缺及实战能力的提升问题,淘宝大学特别推出了CETC电商人才能力认证体系,针对不同层级和专业的电商人员提供学习和能力认证,培养电商实战人才。淘宝大学为该认证制定了四大体系:能力标准体系、四级知识体系、混合学习体系、考试认证体系。本套书籍依托淘宝大学与美的、森马、三只松鼠等11家电商标杆企业共同制定的电商人才能力标准及知识体系,由淘宝大学20余名认证讲师和行业专家历时近一年的时间完成内容编写和多轮修订,是CETC启蒙级、初级学员及高校电商专业学生和电商企业基层人员学习提升的首选资料。

在全套三本书籍中，《淘宝大学电子商务人才能力实训（CETC 系列）——网店运营、美工视觉、客服（入门版）》是针对电子商务零基础人员及预备创业人员的，以知识、理念普及和创业引导为主；《淘宝大学电子商务人才能力实训（CETC 系列）——网店运营（提高版）》和《淘宝大学电子商务人才能力实训（CETC 系列）——网店美工视觉与客服（提高版）》是针对电子商务行业基层从业人员的，以提升岗位实操技能为主。全套书籍有两个突出特点：

一、知识体系完备。本套书籍中包含了电子商务运营、视觉、客服三大专业线的基础知识。全书从基本的电商概述、电商视觉概述、电商客服概述讲起，涵盖了以阿里巴巴为代表的电商平台网店的店铺基础知识，包含店铺基础运营要求、店铺日常运营要求、流量介绍、店铺活动介绍、页面认知、图片规则规范、平台规则、消费者权益、购物流程数据分析等要点，逻辑清晰，内容丰富。

二、实践指导性强。本套书籍非常重视实践操作技能的落地，引用了大量案例和操作流程的图示，包括店铺日常维护、搜索优化、付费推广、促销工具、店铺活动、图片获取、店铺首页的制作、店铺详情页的制作、后台操作方法、售前销售和售后服务流程、交易安全、投诉处理等内容，帮助学员和读者通过本套书籍的学习在实践中学以致用。

随着"新零售"时代的到来，需要更多懂得全渠道运营的零售人才的涌出，行业对电子商务人才的需求不但没有弱化，还会更加迫切和多元化，希望有志于从事电商行业的人士能够从本套书籍中获得更多的收益，提升在实践中落地的能力。

阿里巴巴集团五新委员会委员、淘宝大学校长　王帅

目 录

第1章 主营产品 1
1.1 产品主图编辑 2
1.2 SKU 图片 12
1.3 详情页图片 13
1.3.1 PC 端详情页 14
1.3.2 无线端详情页 15
1.4 产品属性展示的位置 16
1.5 卖家需要为宝贝填写哪些属性 17
1.6 在发布前需准备好待上架宝贝的属性 19
1.7 产品属性填写原则 20
1.7.1 正确填写属性 20
1.7.2 尽量把属性填写完整 21
1.8 产品发布 21
1.8.1 产品类目的选取 21
1.8.2 基本信息的编辑 22
1.8.3 详情页编辑 24
1.9 店铺产品分类 32
1.9.1 店铺分类的展示位置 32
1.9.2 店铺产品分类展示的目的 35
1.9.3 常见的几种分类方法 35
1.9.4 如何设置店铺分类 36
1.9.5 修改分类 39

1.10 淘宝助理使用 43
    1.10.1 淘宝助理下载和安装方法 44
    1.10.2 淘宝助理主账号登录 46
    1.10.3 淘宝助理子账号登录 49
    1.10.4 淘宝助理数据同步 56
    1.10.5 淘宝助理创建宝贝 58
    1.10.6 淘宝助理上传宝贝 67
    1.10.7 淘宝助理批量编辑 70
    1.10.8 淘宝助理导入 CSV 74
    1.10.9 淘宝助理导出 CSV 81

第 2 章 引导入店 85

2.1 淘内免费流量 86
    2.1.1 撰写商品标题 86
    2.1.2 上下架时间设置 93
2.2 淘外免费流量 95

第 3 章 直通车推广 96

3.1 直通车基础介绍 97
    3.1.1 基础常识 97
    3.1.2 直通车首页介绍 103
    3.1.3 直通车报表介绍 108
    3.1.4 账户财务介绍 111
    3.1.5 账户操作记录 111
    3.1.6 账户资质管理 112
    3.1.7 直通车优化工具 114
3.2 直通车计划设置 117
    3.2.1 设置日限额 117
    3.2.2 设置投放平台 119
    3.2.3 设置投放时间 121

       3.2.4 设置投放地域 124
  3.3 直通车商品推广 126
       3.3.1 市场分析 126
       3.3.2 分析宝贝 126
       3.3.3 设置推广计划 127
       3.3.4 添加创意 128
       3.3.5 设置关键词 130
  3.4 定向推广 135
       3.4.1 定向推广的意义 135
       3.4.2 定向推广的优势 136
       3.4.3 定向推广的优化 138
       3.4.4 优化技巧 138

第4章 常见的营销方法 140
  4.1 搭配套餐 141
       4.1.1 搭配套餐的原理 141
       4.1.2 搭配套餐的作用 142
       4.1.3 搭配套餐的实际操作流程 142
  4.2 满就送（减） 151
       4.2.1 满就送（减）的原理、作用及设置路径 151
       4.2.2 满就送（减）的实际操作流程 152
  4.3 优惠券 154
       4.3.1 优惠券的原理及作用 154
       4.3.2 优惠券的实际操作流程 156
       4.3.3 优惠券的使用规则 159
  4.4 特价宝 159
       4.4.1 特价宝的原理与作用 159
       4.4.2 特价宝的实际操作流程 160
       4.4.3 特价宝的常见问题 162

第5章 常用活动 166

5.1 参加活动的基础条件 167
5.1.1 淘宝网营销活动规则 167
5.1.2 天猫营销活动报名基准规则 169

5.2 常用活动介绍——聚划算 175
5.2.1 认识聚划算 175
5.2.2 聚划算的展示入口 175
5.2.3 报名入口及招商规则 176
5.2.4 聚划算对店铺的要求 178
5.2.5 聚划算的商品要求 181
5.2.6 聚划算报名流程及注意事项 182
5.2.7 聚划算报名商品的审核 187
5.2.8 开团前的准备 188

5.3 常用的营销活动——淘抢购 195
5.3.1 认识淘抢购 195
5.3.2 淘抢购对店铺的要求 196
5.3.3 淘抢购对报名商品的要求 197
5.3.4 单品类报名流程 200
5.3.5 品牌抢购报名流程 204
5.3.6 淘抢购平台的上线流程与注意事项 206
5.3.7 淘抢购卖家违规行为与相应处理 208

5.4 常用的营销活动——天天特价 210
5.4.1 认识天天特价 210
5.4.2 天天特价对店铺的要求 210
5.4.3 天天特价对报名商品的要求 212
5.4.4 活动报名流程 215

第6章 发货管理 217

6.1 快递选择 218
6.2 物流工具 220

6.2.1　运费模板 220
　　　6.2.2　运单模板设置 224
6.3　商品打包 226
6.4　发货流程 228
6.5　订单打印 233
　　　6.5.1　后台操作 - 订单打印 233
　　　6.5.2　淘宝助理订单打印 235

第 7 章　日常数据收集 241

第1章

主营产品

本章学习的主要内容

- 图片准备
- 属性确认

本章学习之后需要掌握的知识

- 了解产品图片的制作和使用规则
- 了解产品属性发布规则

1.1 产品主图编辑

在发布宝贝之前首先需要考虑的问题是需要准备哪些图片。

买家最先看见的就是产品主图，产品主图是由 5 张图构成的，在女装类目的第 6 张位置可以放一张长图。

1. 什么是产品主图，产品主图出现在哪里

首先笔者通过产品主图出现的位置，来介绍一下什么是产品主图。产品在 PC 端的详情页如图 1-1 所示。

红框部分，带数字的 5 张图片为常规的 5 张主图（个别商品会出现没有上传全部 5 张图片的情况），女装类目还有一张长图（其他类目没有长图），也是主图之一。

商品在无线端的详情页如图 1-2 所示。

第1章 主营产品　3

图1-1

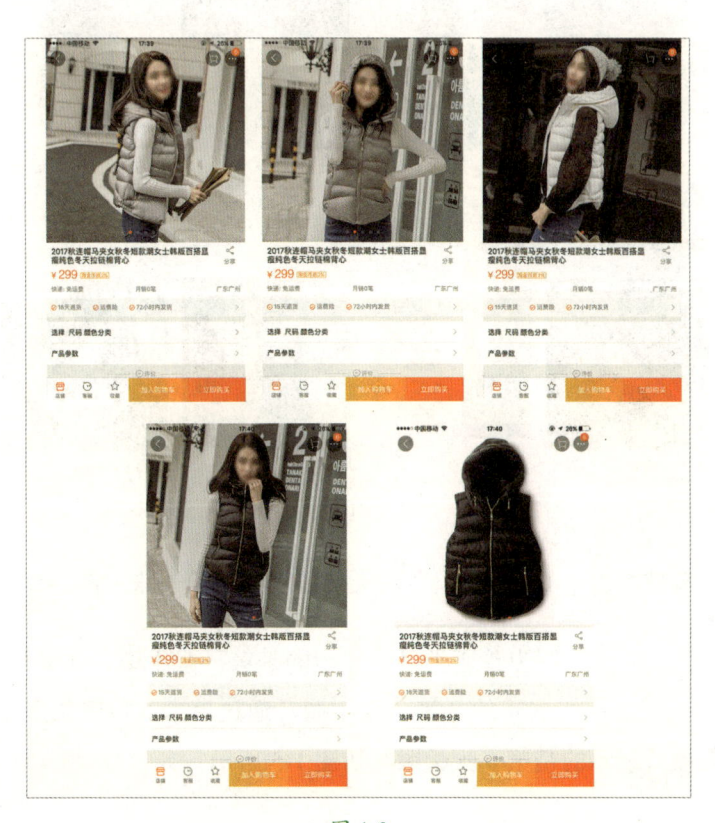

图1-2

无线端能看到的最上面可以滑动的 5 张图片（因个别商品没有上传全部 5 张图片，可能会不满 5 张主图），也是产品主图。

2. 主图的重要性

主图是宝贝非常重要的资料，尤其是第一张主图。在淘宝各个展示渠道，通常都是展示第一张主图，在 PC 端搜索结果的页面，看见的图也都是宝贝的第一张主图，如图 1-3 所示。

图 1-3

在无线端搜索出来的页面上，普通类目展现的是第一张主图，如图 1-4 所示。

图 1-4 所示的两张图为普通类目，展示的是第一张主图。如果是女装类目，会有所不同，列表模式展示的是第一张主图，通过单击红色箭头所指向的按钮切换到长图模式展示的是第 6 张长图，如图 1-5 所示。

第1章 主营产品

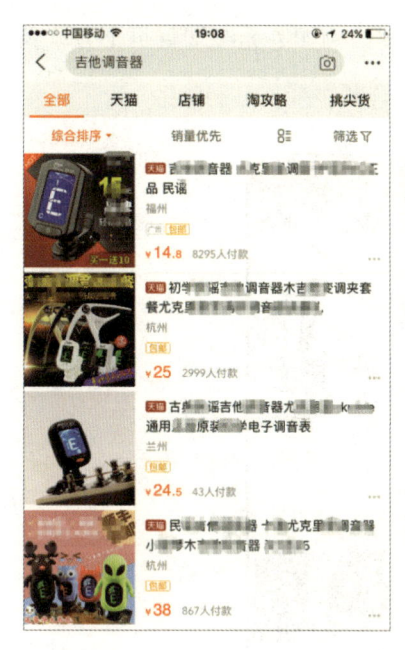

图 1-4

图 1-5

其他展示页面也会是主图的第一张图，例如：无线端首页下方"猜你喜欢"的位置，如图 1-6 所示。

图 1-6

3. 主图发布规则

知道了主图的重要性，接下来了解一下发布宝贝时主图的规则，宝贝主图的大小不能超过 3MB。鼠标移动到该图片上就能看见图片大小，如图 1-7 所示。

图 1-7

右键并选择查看属性或者在该图片上单击鼠标也可以看见，如图1-8所示。

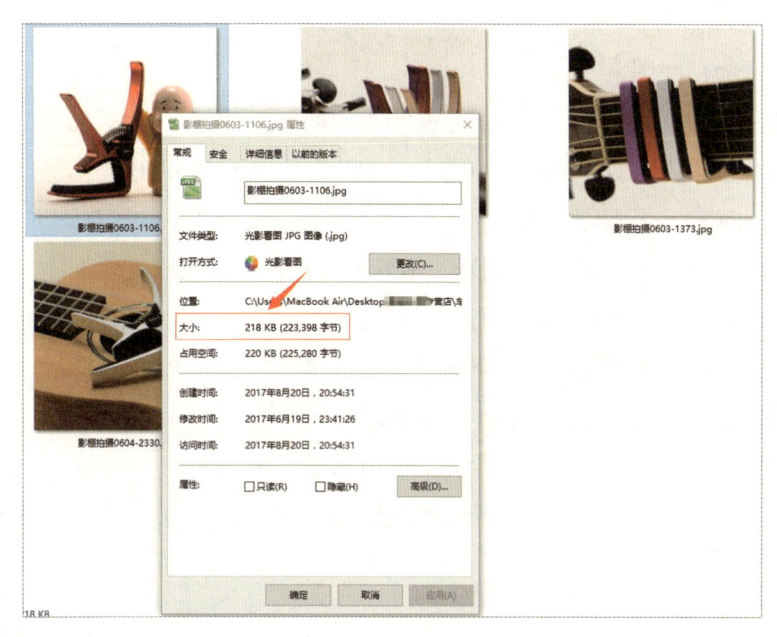

图 1-8

700×700像素以上的图片上传后自动提供放大功能，如图1-9所示。

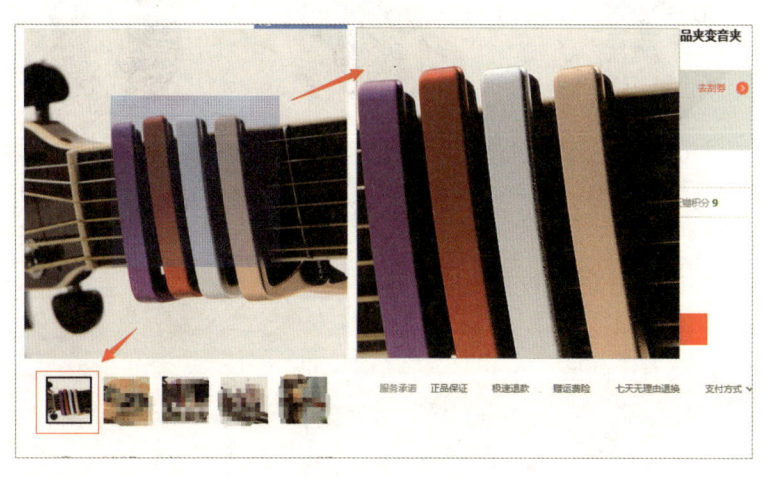

图 1-9 放大镜展示图

特别需要注意的是第 5 张主图发布白底图可增加手淘首页曝光机会。白底图发布的规范如下。

- 必须为白底图；
- 图片尺寸：正方形，图片大小必须为 800×800 像素；
- 图片格式为 JPG，图片大小需大于 38KB 且小于 300KB；
- 无 LOGO、无水印、无文字、无拼接，无牛皮癣（牛皮癣是淘宝网对主图有修饰图标的泛指），无阴影。最好将素材抠图、边缘处理干净；
- 图片中不可以有模特，必须是平铺或者挂拍图，不可出现衣架、商品吊牌等。
- 商品需要正面展现，不可侧面或背面展现。
- 图片美观度高，品质感强，商品展现尽量平整。
- 每张图片中只能出现一个主体，不可出现多个主体。
- 图片中商品主体完整，展现比例不要过小，商品主体要大于 300×300 像素。

白底图正确示范如图 1-10 所示。

图 1-10

以下是错误白底图案例示范。

① 商品主体不明确，背景阴影过大，如图 1-11 所示。

② 商品展示非正面，如图 1-12 所示。

图 1-11

图 1-12

③ 图片中有 LOGO、文字、牛皮癣，如图 1-13 所示。

④ 商品主图不完整，如图 1-14 所示。

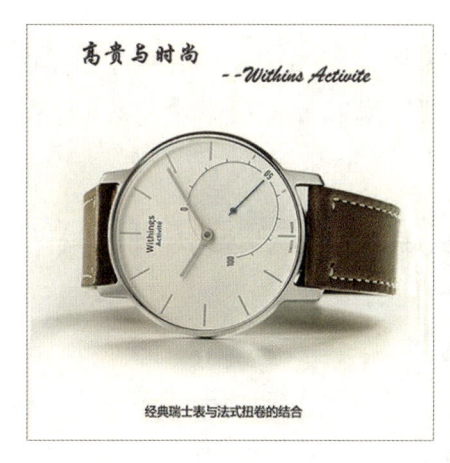

图 1-13

图 1-14

⑤（服饰类目）图片中有模特的身体部位或者衣架，如图 1-15 所示。

图 1-15

- 女装类目建议发布长图,若不上传长图,搜索列表、市场活动等页面的竖图模式将无法展示宝贝,相应要求如下。

  ➢ 图片尺寸:比例恒定(宽:高=2:3),且最小尺寸为 480×720 像素,建议尺寸为 800×1200 像素。

  ➢ 拍摄要求如下。

  　模特图:单人模特图(情侣装除外),要求模特居中、展示正脸、尽量全身展示;"裤装、半身裙"从腰到脚或者从头到脚;"上装、连衣裙"从头到脚或者从头到膝盖;"套装"从头到脚。

  　非模特图:如拍摄风格为非模特图,则商品图要求平铺、非折叠。

  ➢ 图片质量要求如下。

  要求图片为实拍图片,无牛皮癣,不拼图,抠图 PS 需表现自然,不得出现水印,不得包含促销、夸大描述等文字说明,该文字说明包括但不限于秒杀、限时折扣、包邮、×折、满×送×等。

  长图的示范如图 1-16 所示。

图 1-16

我们已经了解到长图展示的位置是在手机搜索页，那么长图除搜索页的位置外，还会在哪里展示呢？

① 女装各级频道：具备第六张图为长图特点的商品，会在频道特定楼层内做个性化自动投放，如抢新平台、大厂直供、各风格品类馆、新品频道等。

② 营销活动：招商时，卖家无须提报商品入口图，系统会自动抓取第六张图长图，为卖家大促报名提供便捷，如各大促、活动页面、LIST 页面等。

③ 无线搜索及频道资源位：包括手淘/搜索、类目导航及 LIST 展示（根据页面点击 CTR 效果验证，在手淘长图的引导成交率及点击率均高于方图）。

1.2 SKU 图片

弄清楚了产品主图之后,再来了解一下 SKU 图片。

SKU=Stock Keeping Unit(库存量单位),即库存进出计量的单位,可以以件、盒、托盘等为单位。SKU 是大型连锁超市 DC(配送中心)物流管理的一个必要的方法,当下已经被引申为产品统一编号的简称,每种产品均对应有唯一的 SKU 号。

针对电商而言,SKU 有另外的注解:

(1) SKU 是指一款商品,每款都出现一个 SKU,便于识别商品。

(2) 一款商品若有多色,则是有多个 SKU,例如:一件衣服,有红色、白色、蓝色,则 SKU 编码也不相同,以避免混淆、发错货。

SKU 一词在服装、鞋类商品中使用最多、最普遍。例如纺织品中一个 SKU 通常标识产品的规格、颜色、款式。

了解 SKU 图片会出现的位置

PC 端会出现的位置:在宝贝详情页主图的右侧,具体为"颜色分类",单击后在主图位置可以看到点选的 SKU 图片,如图 1-17 所示。

图 1-17

无线端会出现的位置：在手机宝贝详情页，单击尺码选择就能出现颜色分类，每单击一个 SKU 就会出现一个对应的图片，如图 1-18 所示。

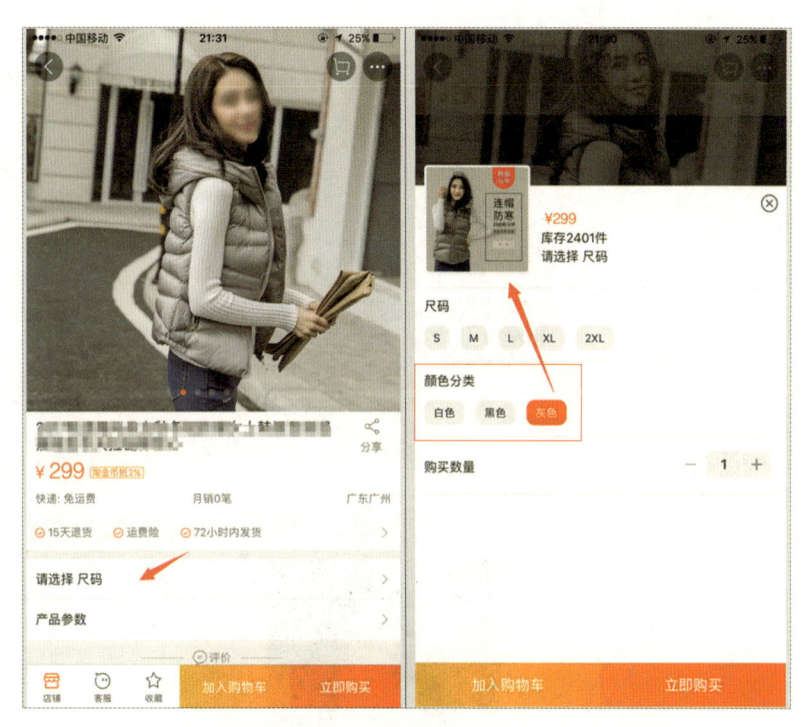

图 1-18

1.3 详情页图片

了解主图和 SKU 的图片之后，再来看看详情页图片。

详情页分为 PC 端（电脑端）详情页和无线端（手机端）详情页。用户使用电脑浏览淘宝天猫宝贝的时候，展示在前面的是 PC 端详情页，而用户使用手机浏览淘宝天猫宝贝的时候，展示在面前的是无线端详情页。所以详情页图片要分别针对 PC 端和无线端进行设计和准备。

1.3.1 PC 端详情页

1. 图片展示的位置

进入淘宝，任意打开一个宝贝就可以看到宝贝的详情页（如图 1-19 所示，因为详情页通常很长，就不全部截图展示了）。

图 1-19

2. PC 端详情页图片规则

知道了 PC 端详情页图片展示的位置，再来了解一下详情页图片的规则。

- 每张图片大小建议不超过 3MB。

- 天猫店铺，图片宽度不超过 790 像素。
- 淘宝店铺（包括企业店铺），图片宽度不超过 750 像素。

1.3.2　无线端详情页

1. 无线端详情页图片展示位置

打开无线端宝贝，首先可以看到的是主图，下拉之后就能看见一个图文详情页面，这里就是无线端详情页的图片了，如图 1-20 所示。

图 1-20

2. 无线详情页图片规范

- 图片宽度要求在 480~1242 像素，高度不超过 1920 像素。
- 文件大小请在 3MB 以内。
- 图片格式：JPG、PNG 或 GIF。

小提示：制作无线端详情页图片时要充分考虑到用户使用手机的场景，不要把 PC 端详情页的图片直接缩小拿来用，这样很可能会导致本来在 PC 端可以看清楚的内容或者文字，在手机上却完全看不清楚。建议单独制作无线端详情页图片。

接下来学习一下产品属性相关的知识。

1.4　产品属性展示的位置

产品属性在 PC 端和无线端都可以看见。

PC 端产品属性展示在宝贝详情页，如图 1-21 所示，宝贝详情下面红框位置即是。

图 1-21

无线端的显示位置：在主图之后下拉，单击"图文详情"旁边的"产品参数"就可以看到，如图 1-22 所示。

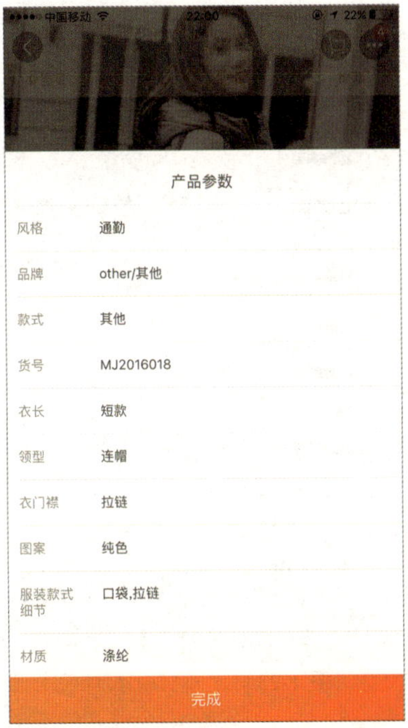

图 1-22

1.5　卖家需要为宝贝填写哪些属性

了解什么是属性之后，下面需要考虑的就是该为自己的宝贝填写哪些属性。

如图 1-23 ～图 1-25 所示，单击"发布宝贝"按钮，选择好需要发布的类目，单击"我已阅读以下规则，现在发布宝贝"按钮，之后就会出来需要填写的属性。需要注意的就是一定要正确填写。

注意，有些属性是带有红色＊（星号）的，这样的属性是必填的，如果不填写，则无法发布宝贝。不带＊（星号）的是选填的，可以不填写。但是为了宝贝信息的完整程度及获得更多、更精准的展示机会，建议把能填写的属性尽量填写完整。

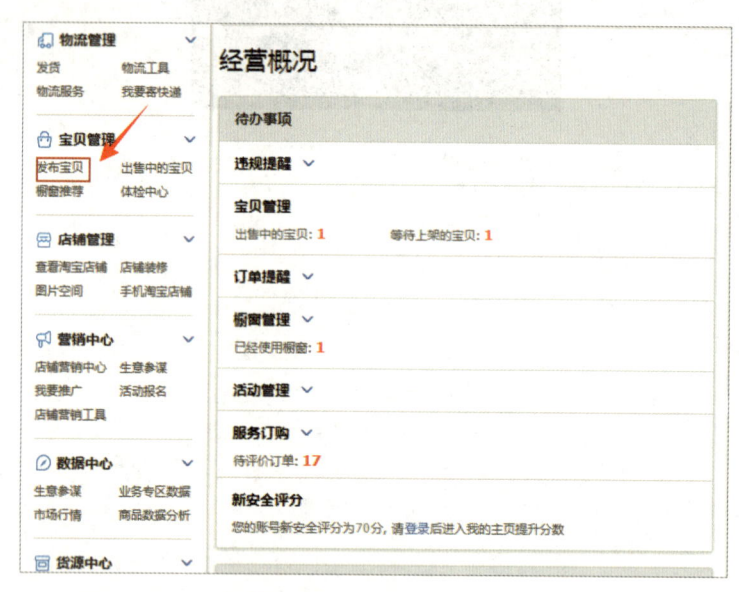

图1-23　发布宝贝入口

图1-24　选择类目

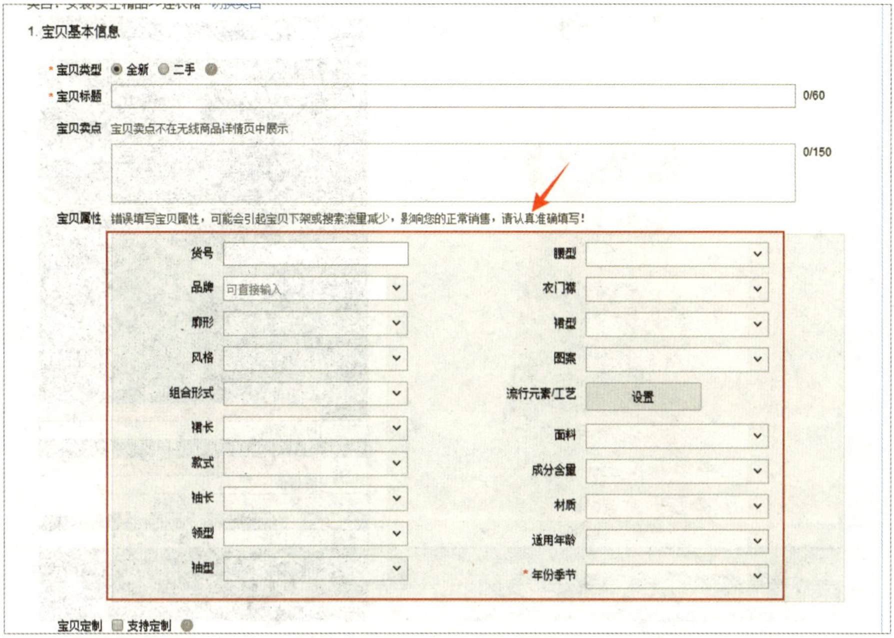

图 1-25　属性填写

1.6　在发布前需准备好待上架宝贝的属性

　　一般在发布宝贝之前,可以制作宝贝发布工单,里面已经准备好发布宝贝所需要填写的数据,发布时只需要根据工单里面的内容正确填写即可,图 1-26 是演示案例,掌柜朋友可以参考一下。

图 1-26 宝贝属性准备

1.7 产品属性填写原则

1.7.1 正确填写属性

错误填写属性的危害如下。

- 被系统处罚。
- 宝贝丢失流量入口。
- 造成买家误解或投诉。

1.7.2 尽量把属性填写完整

如果错误地填写宝贝属性，可能会引起宝贝下架或搜索流量减少，影响正常销售，所以再次提醒，请认真准确填写！属性填写完整有助于宝贝获得更多的流量，建议掌柜朋友注意尽量填写完整。

1.8 产品发布

前面做好了准备工作，下面具体学习如何通过淘宝后台上架、发布产品。

本节学习的主要内容

- 产品类目的选取
- 基本信息的编辑
- 产品详情页编辑
- 产品物流信息
- 产品售后保障
- 产品其他信息

本节学习之后需要掌握的知识

- 掌握淘宝后台发布产品方法

1.8.1 产品类目的选取

淘宝网将市面上所有的商品划分为许多类目，发布产品时一定要将产品放到对应的类目中去，放对类目会得到相应类目流量引入，如果放错类目，则会触犯淘宝规则。作为卖家，如何去选择自己产品的正确类目呢？

选择类目有两种方式，如图 1-27 所示。

- 通过产品核心关键词查找类目（推荐）。
- 手动点取类目分级（不推荐）。

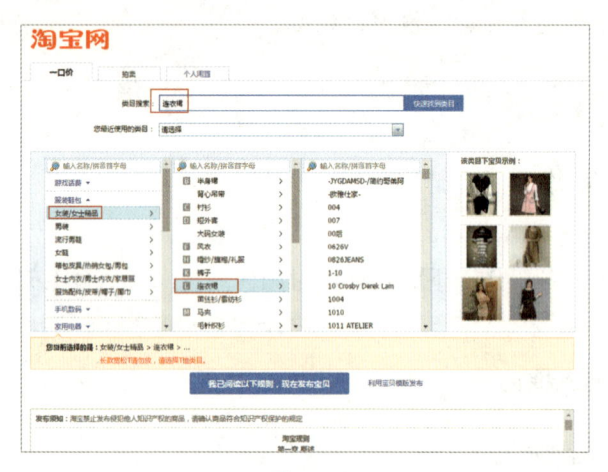

图 1-26

类目错放规则：若商品属性与发布商品所选择的类目不一致，或将商品错误地放置在淘宝网推荐各类目下，淘宝搜索判定为放错类目商品。

新手卖家往往对淘宝类目不了解，通过自身判断手动选取类目很容易造成错放类目从而违规，而通过核心关键词查找淘宝自动推荐相关类目非常精准。

输入核心关键词，单击"快速找到类目"，选好类目后单击"发布宝贝"即可，这里注意产品核心关键词在四字以内，精准表述产品，注意右侧该类目下宝贝示例图，可作为参考，单击"发布"按钮。

1.8.2 基本信息的编辑

＊号为必填项目，单击每一项属性注意观察左方发布助手说明，如图 1-28 所示。

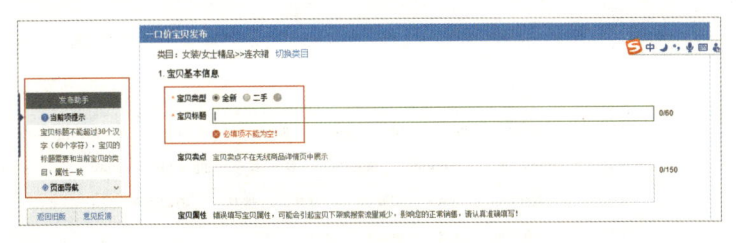

图 1-28

宝贝标题限定在 30 个汉字（60 个字符）以内，否则会影响发布，标题要尽量简单直接，能突出卖点，要让买家即使看一眼，也能知道商品的特点，知道它是件什么商品。

宝贝卖点同样重要，它是一种不同于商品标题、对商品的特色和主打优势进行突出的补充说明。这个功能可以让买家更直接、更快速地了解商品，同时卖家可以添加促销说明，直接吸引买家购买。

填写产品基本属性时，首先要精准，然后要尽可能地完整，可以在有多选项的时候，勾选更多的符合自己宝贝特点的选项，如图 1-29 所示。精准、丰满地优化宝贝属性之后才有更多的机会被买家搜索到，而在默认勾选的时候只有具备相关属性的宝贝才有展现的机会。

图 1-29

搜索展示效果如图 1-30 所示。

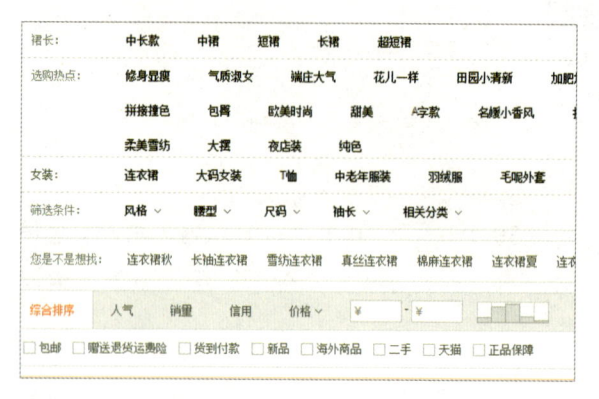

图 1-30

1.8.3 详情页编辑

在产品中，宝贝的描述即详情页是很重要的。当买家进入卖家店铺之后，如何让买家停留，关键在于看宝贝描述。总的来说有两个基本点和六个要点。宝贝详情页，顾名思义，即介绍产品的功能（价值点）及那些与众不同的地方，进而促进买家购买的介绍页面。

1. 主图上传

宝贝主图最大的作用就是吸引顾客进入页面并查看宝贝。宝贝主图有什么优势能够吸引顾客呢？这就需要宝贝主图在众多的产品主图中显得与众不同，才能吸引到顾客，从而点击进来查看、购买，如果照搬同行的宝贝主图，就显得大众化，没什么新意，吸引买家点击进来查看的概率就会小许多。

如图 1-31 所示，宝贝主图不能超过 3MB，超过 700×700 像素的图片上传后自动提供放大镜功能，第五张主图发布商品白底图可以增加手机淘宝首页曝光机会。

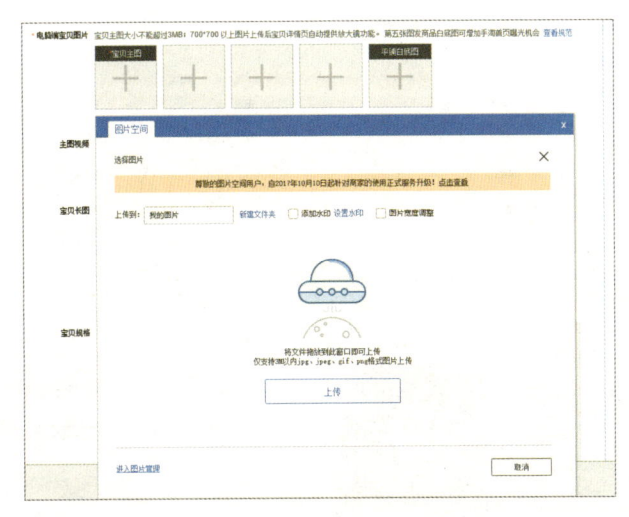

图 1-31

同时建议上传宝贝长图，如图 1-32 所示，请注意长图横竖比必须为 2∶3，最小长度为 480，建议用 800 像素 ×1200 像素，若不上传长图，搜索列表、市场活动等页面的竖图模式将无法展示宝贝。

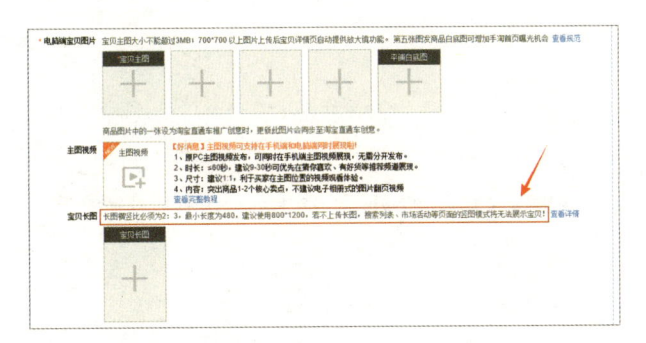

图 1-32

2. 产品规格发布

选择产品的颜色时，可自定义颜色名称，亦可上传该颜色产品，买家单击颜色即可看到图片，方法与主图上传一致，如图 1-33、图 1-34 所示。

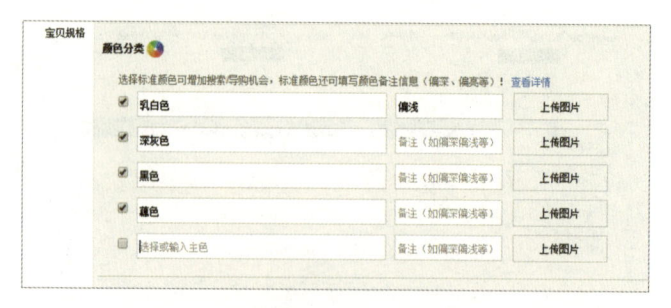

图 1-33

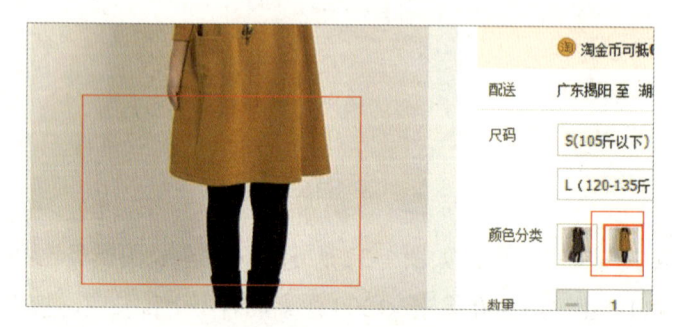

图 1-34 展示效果图

填写好颜色尺寸后,卖家可以对产品的价格与库存进行批量填写,如图 1-35 所示。

图 1-35

3. 详情页面编辑

单击图片按钮上传制作好的详情页图片，如图 1-36 所示。

图 1-36

电脑端的详情设置完之后单击"手机端"，来生成手机端详情页。手机端详情页是非常重要的，现在的淘宝流量有很大一部分来自手机客户端，而且对于新开店铺来说，手机客户端的流量成交率普遍比电脑端的要高，所以请记住一定要设置手机端的宝贝详情。一般电脑端的图片手机端也是可以添加的。单击"导入电脑端描述"按钮生成无线端详情页，如图 1-37 所示。

图 1-37

也可以手动添加制作好的无线端详情页与文字，如图 1-38 所示。

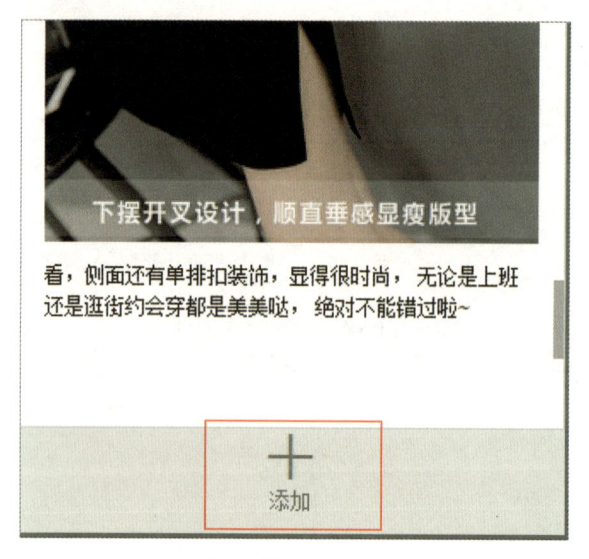

图 1-38

4．物流信息编辑

单击"新建运费模板"按钮，如图 1-39 所示。

图 1-39

设置邮费条件，保存后返回，如图 1-40 所示。

图 1-40

选择运费模板，输入物流重量，如图 1-41 所示。

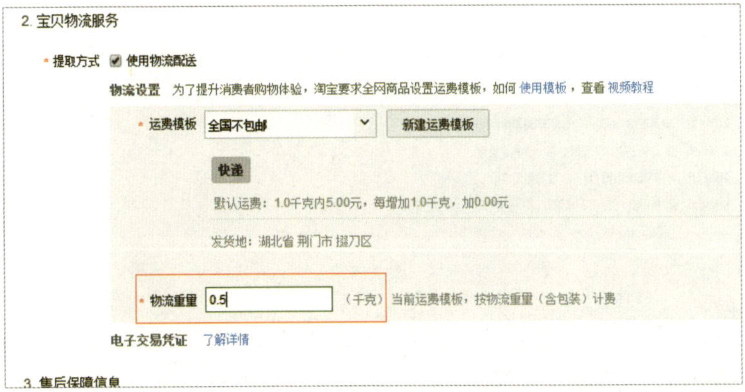

图 1-41

模板可以设置多个，例如有些是特定地区包邮，有些是全国通用的运费模板。

请注意本示例中，运费模板的计价方式是"按重量"，所以需要设置产品重量。如果在设置运费模板的时候，运费模板的计价方式设置为"按件数"，则不需要填写产品重量。

5. 售后信息编辑

售后保障信息——按照实际能够提供的售后服务勾选。勾选的客户服务越多，客户体验越好，如图 1-42 所示。

图 1-42

6. 其他信息编辑

如图 1-43 所示，宝贝其他信息的填写需要注意以下事项。

图 1-43

"库存计数"有两个单选按钮，如果选择"买家拍下减库存"，表示买家拍下商品即减少库存，存在恶拍风险。秒杀、超低价等热销商品，如需避免超卖可选此方式；如果选择"买家付款减库存"，则买家拍下并完成付款后方减少库存，存在超卖风险。如需减少恶拍、提高回款效率，可选此方式。一般新手卖家选择"买家付款减库存"这种方式的比较多。

"上架时间"设置有三种模式，如果选择"立刻上架"，则表示单击"发布"后，宝贝会在淘宝网上架并达到销售状态；如果选择"定时上架"，可以设置宝贝的正式开始销售时间，如果我们后续需要进行宝贝上下架优化，也可以调整这个地方的时间；如果选择"放入仓库"，则表示宝贝暂时不会上架，放到店铺的仓库中，后续可以手动上架销售。建议新手卖家选择"放入仓库"模式，经多次检查核对无误后再手动上架，以避免风险。

"会员打折"有两种模式，根据卖家的实际需求情况勾选即可。

"橱窗推荐"建议卖家朋友利用起来，建议把自己店铺中最优质、最具核心竞争力的宝贝设置成橱窗宝贝，从而可以优先展示在搜索结果、LIST 中，让该宝贝获得更多展现。如果不设置"橱窗推荐"，店铺宝贝被买家搜索到的概率会降低，并且橱窗位如果长期不使用，会被系统收回，所以卖家朋友一定要记得充分利用自己获得的橱窗位。

最后单击"发布"按钮，如图 1-44 所示。

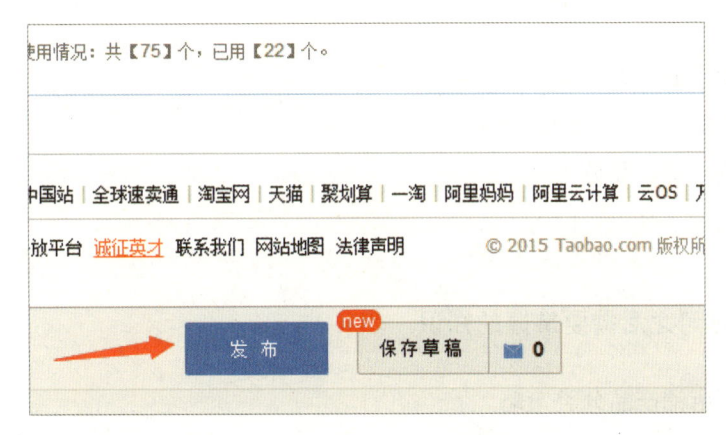

图 1-44

发布成功后可单击查看刚发布的宝贝，如图 1-45 所示。

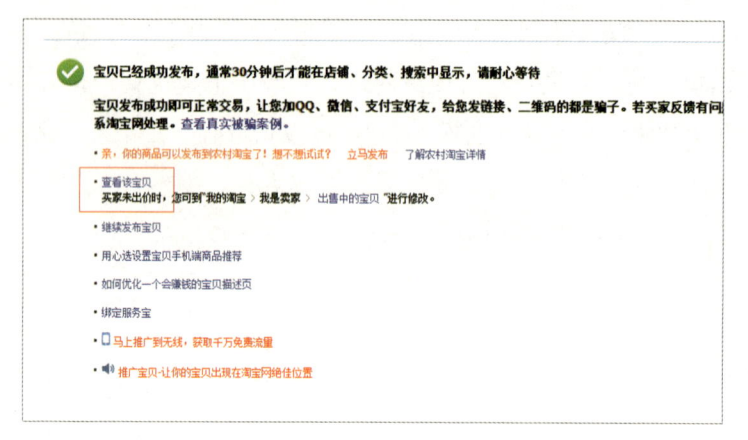

图 1-45

1.9　店铺产品分类

本节学习的主要内容

- 店铺产品分类介绍
- 常见的店铺产品分类方法
- 设置店铺产品分类
- 为店铺产品进行归类

本节学习之后需要掌握的知识

- 掌握店铺产品分类策略
- 掌握如何管理店铺产品分类

1.9.1　店铺分类的展示位置

要对店铺的产品进行分类，首先需要了解店铺产品分类一般展示的位置。

店铺的宝贝展示分为 PC 端（电脑端）和无线端（手机端）。

1. PC 端的展示位置

店铺首页导航，"所有分类"的位置如图 1-46 所示。

图 1-46

宝贝详情页左侧，"查看所有宝贝"下面的位置，如图 1-47 所示。

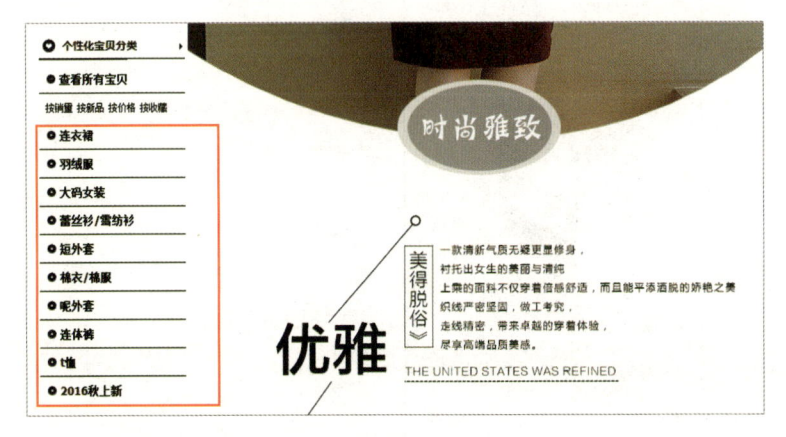

图 1-47

2. 无线展示的位置

店铺首页左下角"宝贝分类",如图1-48所示。

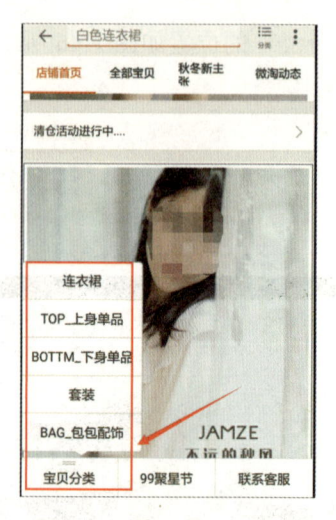

图 1-48

店铺首页右上角"分类"按钮点开之后就会展示出来,如图1-49所示。

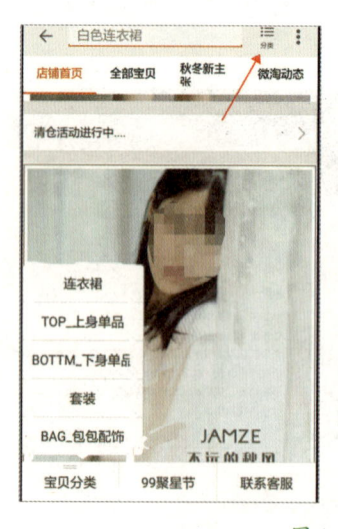

图 1-49

1.9.2 店铺产品分类展示的目的

- 让顾客一目了然,看到店铺的经营品类。
- 让顾客更容易地找到想要的产品。
- 将店铺的产品归类,方便管理。

1.9.3 常见的几种分类方法

按产品类别分,如图 1-50 所示。

按使用场景分,如图 1-51 所示。

图 1-50

图 1-51

按使用人群分类,如图 1-52 所示。

按使用季节分类,如图 1-53 所示。

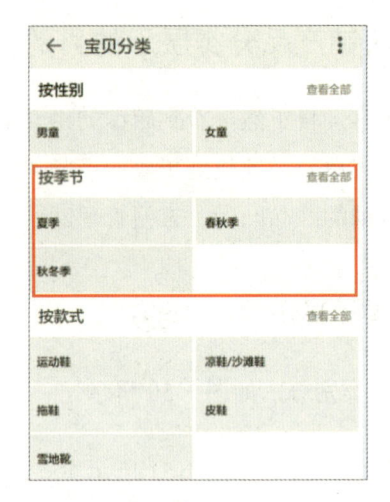

图 1-52

图 1-53

1.9.4 如何设置店铺分类

明确了展示位置目的及分类的方法后，现在来看一下怎么设置店铺的产品分类。详细步骤如下。

打开浏览器，输入网址 http://mai.taobao.com，使用账号、密码登录，进入卖家中心，如图 1-54 所示。

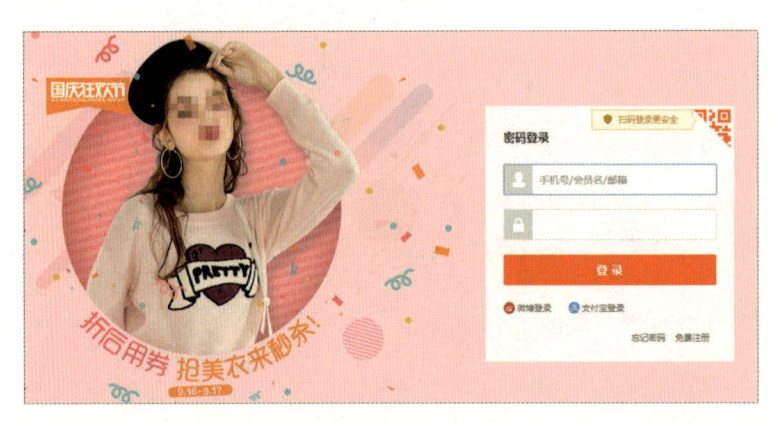

图 1-54

在卖家中心左侧有一个导航栏，在导航栏中找到【店铺管理】，点开下拉箭头就能看见【宝贝分类管理】了，如图 1-55 所示。

图 1-55

接下来开始进行分类编辑，分类编辑分为两种，一种是添加手工分类，另一种是添加自动分类，如图 1-56 所示。

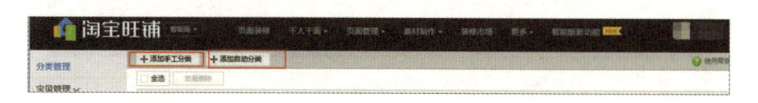

图 1-56

添加手工分类：单击"添加手工分类"按钮，输入需要的分类，如图 1-57 所示。

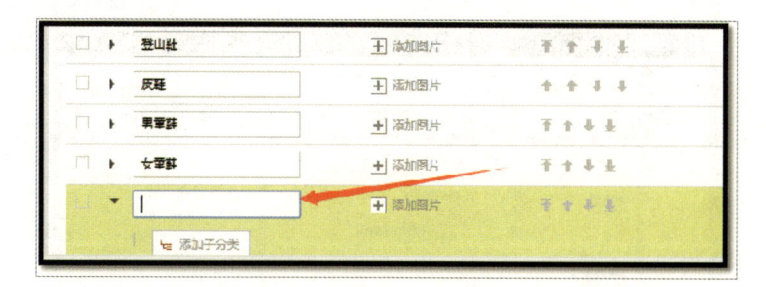

图 1-57

添加自动分类：单击"添加自动分类"按钮，类目、属性、品牌都是自动生成、不用填写的，只有时间、价格需要自己设置，如图 1-58 所示。

图 1-58

不需要的分类或者填写错误的分类可以删除，在删除的时候如果该分类下还有子分类，则该分类是删除不了的，先要把子分类删除完了之后才能删除上一层分类，如图1-59所示。

图 1-59

设置完成之后单击右上角的"保存更改"按钮，就设置完成了，如图1-60所示。

图 1-60

1.9.5 修改分类

在保存好之后如果需要更改，再次进入卖家中心左侧的导航栏，在导航栏中找到"店铺管理"中的"宝贝分类管理"，单击进入，可以看见分类名称后面有"移动"字样，然后移动下面4个箭头，第一个是指把该分类移动至最上面，第二个是指把该分类向上移一个，第三个是指把该分类向下移一个，第四个是指把该分类移动至最下面，如图1-61所示。

图 1-61

1. 给分类添加图片

进入卖家中心左侧的导航栏，在导航栏中找到"店铺管理"中的"宝贝分类管理"，单击进入分类管理中，可以看见"分类名称"后面有一项"分类图片"，单击需要传图片的那项后面的（+），会弹出一个添加图片的方框，把需要的图片链接加进去，也可以选择"插入图片空间图片"，若选此项就需要事先把图片添加进图片空间，如图1-62所示。

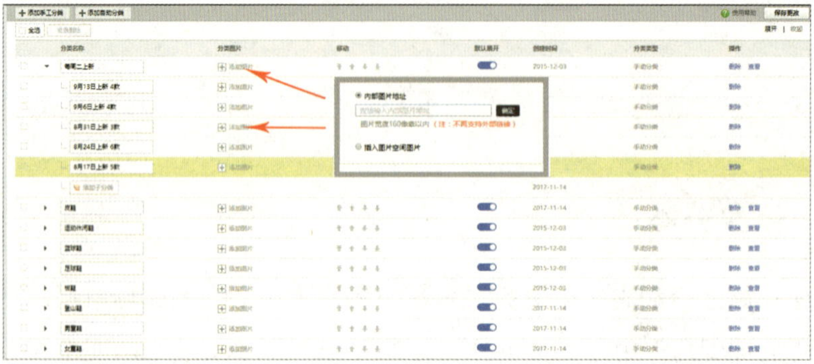

图 1-62

2. 对店铺已有的宝贝进行分类

要为单个宝贝进行归类，同样在卖家中心左侧的导航栏中找到"店铺管理"中的"宝贝分类管理"，单击进入"分类管理"中，如图1-63所示。单击"宝贝管理"下拉箭头，会看见有"全部宝贝""未分类宝贝""已分类宝贝"，如果宝贝都还没有分类，可以单击"全部宝贝"，如果已经部分分类过，就单击"未分类宝贝"，选择自己需要分类的宝贝，单击"编辑分类"下面的"添加分类"，把该宝贝需要放入的分类勾选上就可以了。这一项是不需要保存的，勾选上之后系统会自动生效，如图1-64所示。

图 1-63

图 1-64

3. 对宝贝进行批量归类

可以批量对宝贝进行分类，同样进入"宝贝分类管理"，单击"宝贝管理"下拉箭头，勾选需要批量分类的宝贝，单击"批量分类"下拉箭头，勾选需要放入的宝贝分类，单击"应用"按钮。也是系统自动生效。如图1-65所示。

图 1-65

4. 修改宝贝分类

在给宝贝分类完成之后如果发现有误，或者如果要将某些宝贝更改到其他分类，依旧进入"宝贝分类管理"中心，单击"宝贝管理"下拉箭头，找到已分类的宝贝，或找到需要更改的宝贝，单击"编辑分类"下面的"添加分类"，取消已经勾选上的，再勾选一下需要放入的分类就可以了，如图1-66所示。

注意：一个宝贝是可以放入到多个分类的，如图1-67所示。

图 1-66

图 1-67

1.10　淘宝助理使用

经过前面的学习，大家已经学会了如何正确地在淘宝后台发布、上传宝贝，但是细心的卖家朋友可能会发现，后台发布宝贝每次只能发布一个，那么有没有批量发布宝贝的方法呢？或者店铺已经发布了很多宝贝，但是想进行批量编辑修改，有没有办法做到呢？有些卖家朋友在前期刚做淘宝的时候，可能拿到的是分销的货源，数据包是供应商提供的，那么这个数据包该怎么上传到店铺里面去呢？在新店刚起步阶段，这些问题都会困扰着卖家朋友。

不要着急，可以使用淘宝助理这个软件。通过学习淘宝助理的下载安装、登录和数据同步、宝贝管理这几个部分的知识，就可以非常快速地解决上述问题。

1.10.1 淘宝助理下载和安装方法

淘宝助理是淘宝官方出品的一款宝贝管理软件，非常实用，也非常方便，推荐卖家朋友通过官方网址 http://zhuli.taobao.com/ 安全下载。大家可以根据自己的店铺实际情况下载合适的版本。

（1）一般情况下，新手卖家朋友经营淘宝集市店的居多，所以，单击"淘宝版下载"就可以了，如图 1-68 所示。综合考虑新手卖家的实际情况，案例演示也是以淘宝版为基础，大家可以根据笔者的示范演示一步步学会如何操作淘宝助理这个软件。同时说一下，笔者目前下载的版本是淘宝助理淘宝版（6.1.1.1版），但是淘宝助理会不断进行升级和优化，请大家记住 http://zhuli.taobao.com/ 这个网址下载官方发布的最新版本即可。

图 1-68

（2）通过淘宝助理的官方网址下载后，在图 1-69 所示界面单击"下一步"按钮安装软件。

（3）安装过程中，会需要选择目标文件夹，考虑到重新安装系统后 C 盘文件有可能会丢失的情况，建议大家安装淘宝助理软件的时候，目标文件夹选择系统盘 C 盘之外的磁盘，如图 1-70 所示，笔者选择安装在 D 盘）。

图 1-69

图 1-70

（4）继续单击"下一步"按钮，淘宝助理就会成功安装到你的电脑中并可正常使用了，如图 1-71 所示。

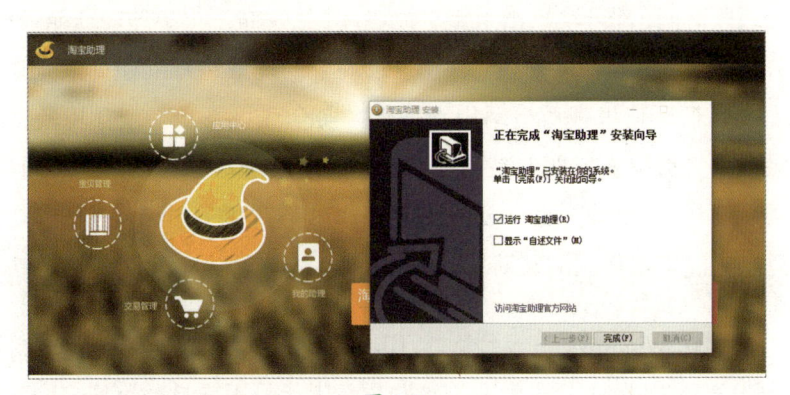

图 1-71

1.10.2 淘宝助理主账号登录

淘宝助理安装完毕后，卖家朋友就可以登录并使用淘宝助理了。基于安全性考虑，目前淘宝助理支持主账号和子账号两种登录方式。

首先学习如何使用主账号进行登录。

（1）使用主账号登录时，必须使用已经认证通过并可发布宝贝的卖家主账号，如图1-72所示。

图 1-72

（2）近段时间，部分卖家由于账户被盗，导致发布了很多违规商品（违禁品、假货等），为了保护卖家账号安全，在登录淘宝助理或进行其他高危操作时，需要使用安全认证。阿里钱盾自动识别是否在安全环境下，安全环境验证通过则直接登录成功。如果卖家朋友是第一次使用淘宝助理，并且没有安装阿里钱盾，会跳出如图1-73所示的界面，要求安装阿里钱盾，并且开启主账号一键认证，并重新登录才能正常使用淘宝助理。

（3）因微软Windows升级到版本10，其自带的Internet Explorer浏览器与Spartan浏览器及Chrome（谷歌）浏览器最新版已经不支持数字证书的验证，后续所有浏览器都将陆续不支持数字证书,另外 Mac(iOS 系统)电脑一直不支持数字证书验证,所以,为解决这个问题,采取钱盾一键验证(手机端认证)方式来代替数字证书完成安全验证。卖家朋友可以通过手机扫码的方式来安装阿里钱盾,如图 1-74 所示,以保护账户安全(请注意,阿里钱盾只需要成功安装一次就可以了,以后不需要再操作这个步骤)。

图 1-73

图 1-74

（4）在手机上安装好阿里钱盾后，需要开启主账号的阿里钱盾验证中心。操作步骤需要按图1-75所示，输入卖家主账号、密码，以及收到的手机验证码。

图 1-75

（5）卖家朋友在输入收到的手机验证码后，即可按照图1-76所示的界面，一步步开启验证中心。

图 1-76

（6）阿里钱盾主账号安全验证中心成功开启后，再打开淘宝助理，输入主账号和密码，如图1-77所示，即可正常登录（因已正确安装阿里钱盾并开启验证中心，所以没跳出图1-73所示的提示）。

图 1-77

（7）从图 1-78 中红色框选部分，卖家朋友可以看到登录状态为卖家主账号。

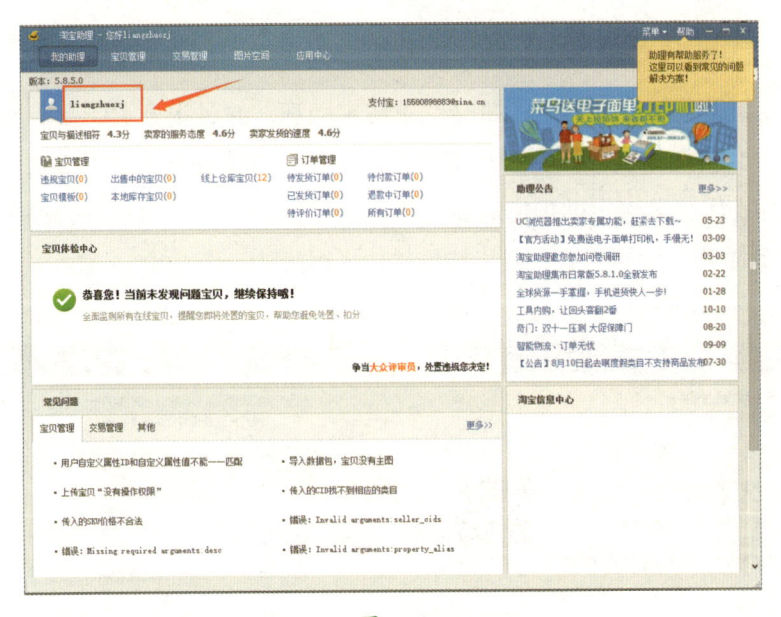

图 1-78

1.10.3　淘宝助理子账号登录

因为主账号的权限比较大，可能会涉及一些高危操作，为了避免员工在操作过程中出现风险，卖家朋友也可以通过给员工分配子账号登录淘宝助理。

（1）按图 1-79 所示，输入子账号和密码。

图 1-79

（2）如果是第一次使用子账号登录淘宝助理，并且未开启子账号验证，会出现如图 1-80 所示的界面。要求子账号向主账号申请开启验证中心功能并通过验证，再重新登录淘宝助理完成安全验证后才能使用。同时系统会提示你需要在 10 分钟之内在手机上打开阿里钱盾软件进行确认操作。

图 1-80

那么，这个时候卖家朋友该怎么操作呢？

其实非常简单，只需要两步就可以解决这个问题。

第一步：子账号向主账号申请阿里钱盾权限。

如图1-81所示，拿起需要登录子账号的手机，打开阿里钱盾，输入子账号密码和验证码后登录阿里钱盾。

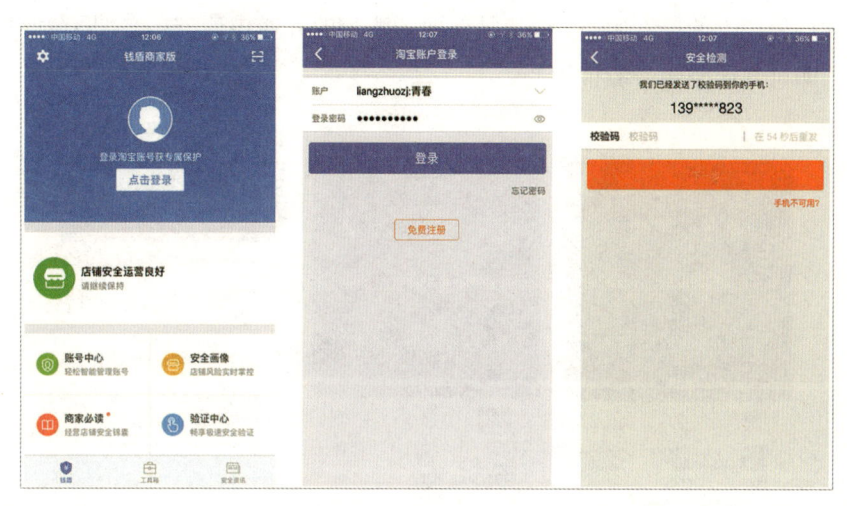

图 1-81

用子账号登录阿里钱盾后，按图1-82所示，单击"验证中心"，向主账号发送申请开启验证中心，等待主账号确认。

图 1-82

第二步：主账号同意子账号开通验证中心。

如图1-83所示，打开已经登录主账号的手机上的阿里钱盾软件，可以看到"1条请求待处理"的提示信息，这就是前面子账号的开通申请，选择"同意此操作"按钮，即可开通子账号验证中心。

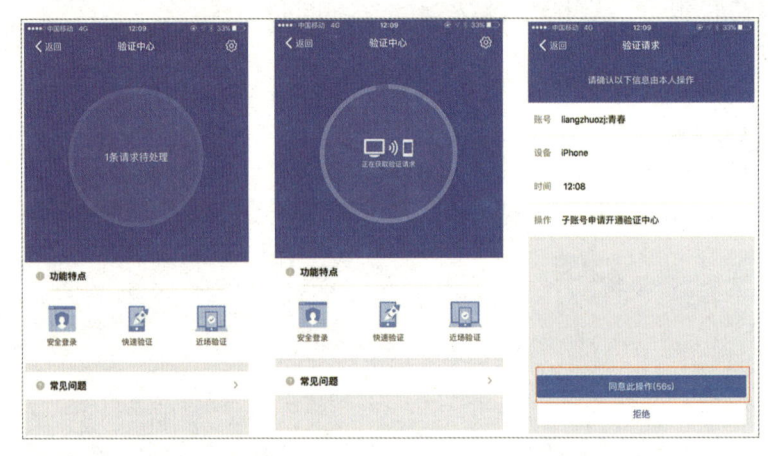

图 1-83

（3）经过前面两个步骤的操作，已经成功开启了子账号安全验证中心，卖家朋友可以按照图1-84所示，输入子账号和密码，正常登录淘宝助理（因已正确开启阿里钱盾子账号验证中心，故不会出现图1-80中的提示）。

图 1-84

登录淘宝助理成功后,卖家朋友可以看到图1-85中,红色框选部分为子账号,这说明用子账号已成功登录淘宝助理。

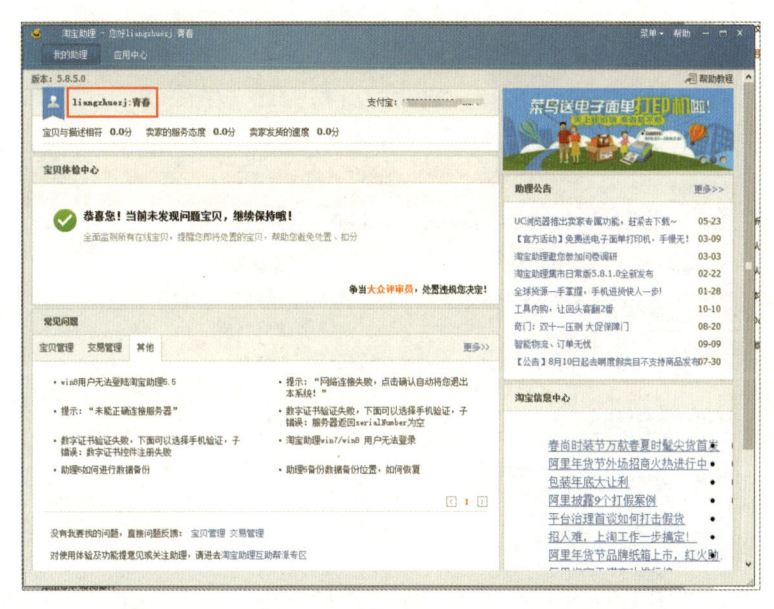

图 1-85

(4)根据以上步骤操作以后,用子账号成功登录了淘宝助理,细心的卖家朋友可以发现,子账号登录后的界面和主账号登录的界面有一些不同。宝贝管理、交易管理、图片空间的界面没有出现。这是什么原因呢?卖家朋友给子账号开通淘宝助理,目的是需要员工用子账号进行宝贝管理、交易管理等操作,那么,该怎么实现这些功能呢?

如果用子账号登录淘宝助理,没有出现宝贝管理、交易管理、图片空间这些界面,说明没有授权子账号以上权限。那么,请卖家朋友按照以下步骤进行操作。

第一步:如图1-86所示,用主账号登录卖家中心,选择"店铺管理"→"子账号管理"。

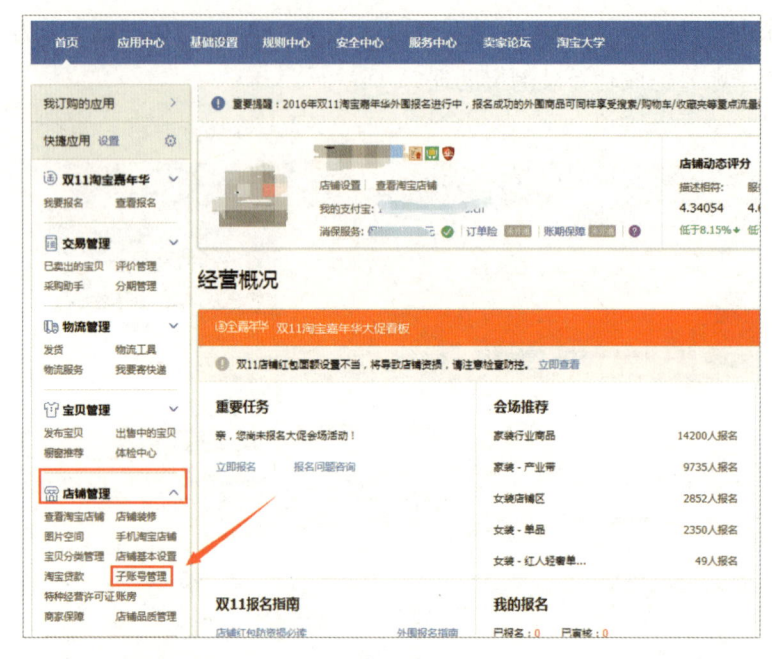

图 1-86

第二步：如图 1-87 所示，进入子账号管理中心，单击"员工管理"，找到需要授权的子账号，再单击"修改权限"。

图 1-87

第三步：如图 1-88 所示，找到"员工管理"→"部门结构"→"修改权限"。

图 1-88

第四步：如图 1-89 所示，找到"淘宝助理"，可以看到"宝贝管理和图片空间"及"交易管理"两个权限，根据经营需要，为子账号选择相应的权限后保存即可。

图 1-89

第五步：重新用子账号登录淘宝助理，如图 1-90 所示，可以看到登录状态为子账号，并且宝贝管理、交易管理、图片空间的界面均已正常显示。这说明卖家朋友已经给子账号分配好了权限，可以给员工正常使用了。

图 1-90

1.10.4 淘宝助理数据同步

为方便地使用淘宝助理管理店铺，建议卖家朋友每次登录淘宝助理后，与淘宝服务器进行数据同步。那么，需要同步哪些数据？该怎么操作？

（1）如果需要进行宝贝管理操作，建议按照图 1-91 所示，选择"宝贝管理"→"所有宝贝"，再单击"同步宝贝"，即可将淘宝店铺里的宝贝数据自动下载并同步到淘宝助理软件里，方便卖家朋友后续进行宝贝管理操作。

（2）如果需要进行交易管理操作，建议按照图 1-92 所示，选择"交易管理"→"订单管理"，再单击"下载订单"，即可将淘宝店铺里的订单数据下载到淘宝助理软件里，方便卖家朋友使用淘宝助理打印快递单、发货单等。

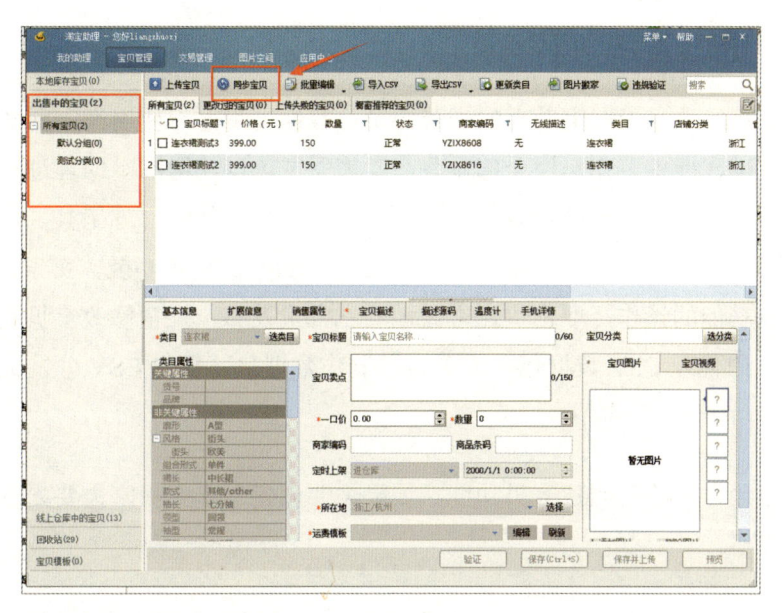

图 1-91

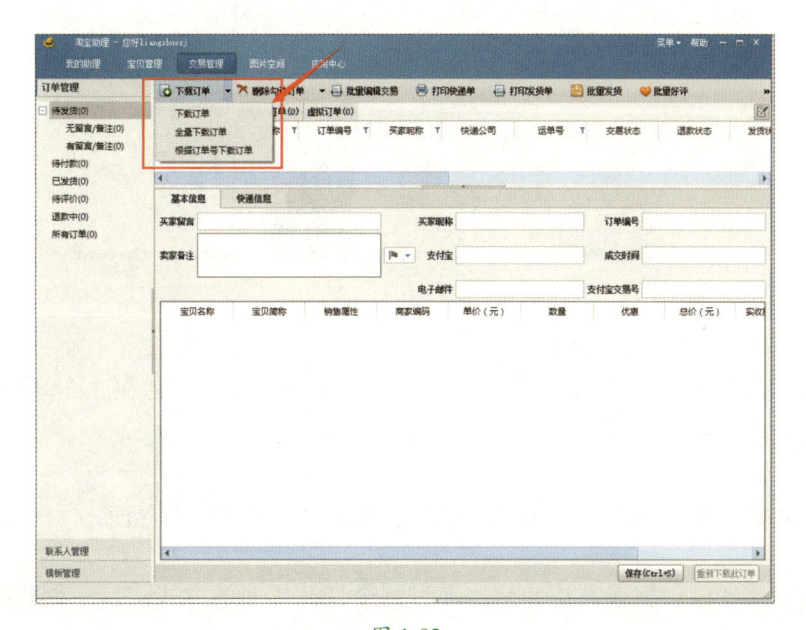

图 1-92

1.10.5　淘宝助理创建宝贝

前面已经学习了淘宝助理的安装登录及数据同步，为使用淘宝助理打下了坚实的基础，准备工作已经全部做好，卖家朋友可以使用淘宝助理进行相应的宝贝管理操作了。淘宝助理是一个非常强大的管理宝贝的官方工具，可以实现创建宝贝、上传宝贝、批量编辑、导入 CSV、导出 CSV 等功能。卖家朋友可以通过这些功能的操作，非常快速方便地实现宝贝发布、批量修改宝贝及导入供应商提供的代理 CSV 数据包，或者自己制作数据包，导出 CSV 分发给招募的代理商等功能。

其中最常用的是创建宝贝功能。如果需要创建一个宝贝，需要先进行相应的准备工作。

（1）如图 1-93 所示，和淘宝后台发布宝贝一样，需要先准备好宝贝标题、图片、宝贝描述、属性尺码价格等资料并放入文件夹中。

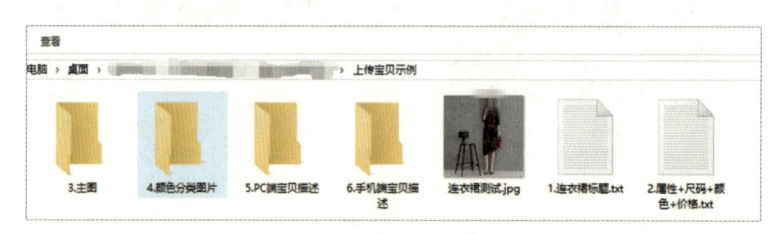

图 1-93

（2）用主账号或者已经授权的子账号登录淘宝助理，如图 1-94 所示，选择"宝贝管理"→"本地库存宝贝"，单击"创建宝贝"按钮。

（3）如图 1-95 所示，可以看到创建宝贝的"基本信息"界面。

（4）笔者以一款连衣裙为例，通过逐个打开界面的方式，演示创建宝贝的方法。如图 1-96 所示，需要根据产品，选择正确的类目。卖家朋友可以单击"选类目"按钮，选择"女装 / 女士精品 / 连衣裙"这个类目后，再单击"确定"按钮。

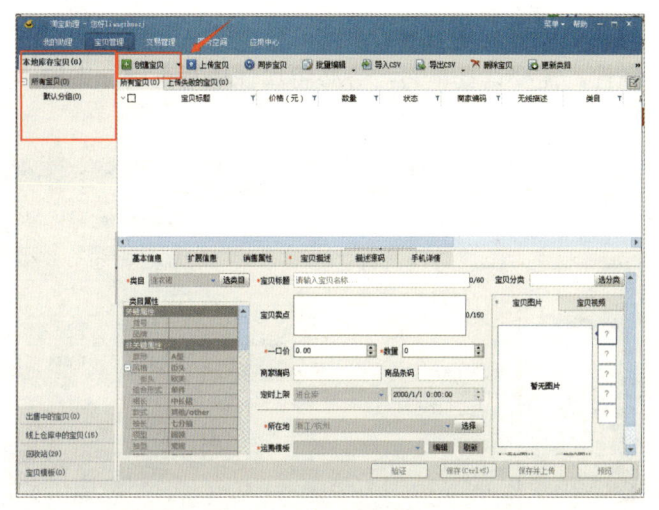

图 1-94

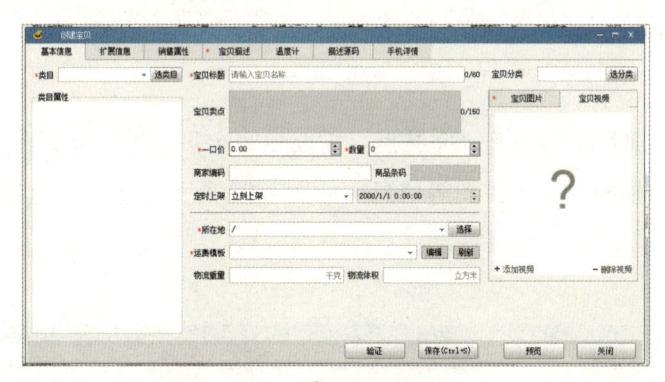

图 1-95

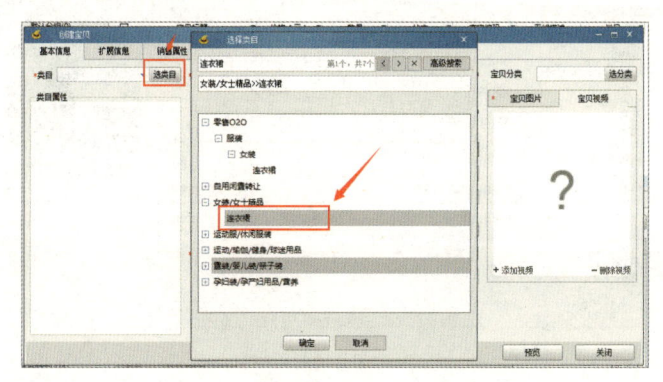

图 1-96

（5）类目选择正确后，需要输入相应的类目属性。如图1-97所示，红色框选部分为类目属性，需要认真填写，务必将属性填写正确、完整。

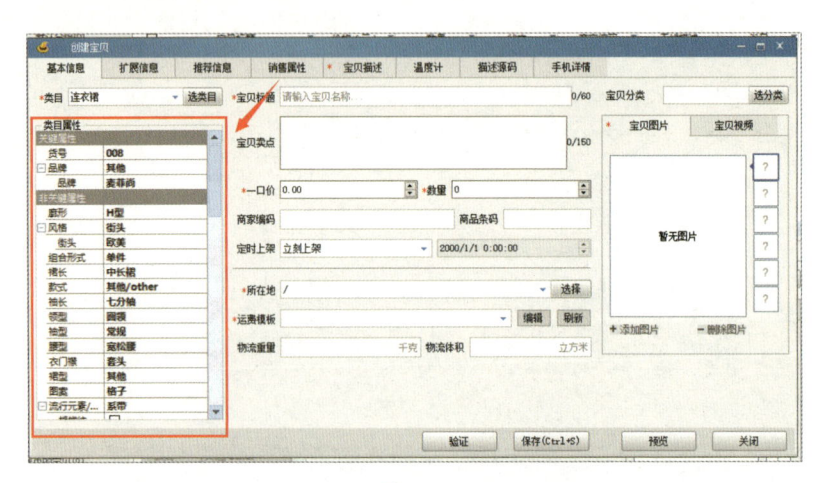

图1-97

（6）类目属性填写正确、完整后，需要填写宝贝标题、宝贝卖点、一口价、所在地、运费模板、宝贝主图等信息。如图1-98所示，标注红色星号*的为必须填写的部分，需要认真填写。

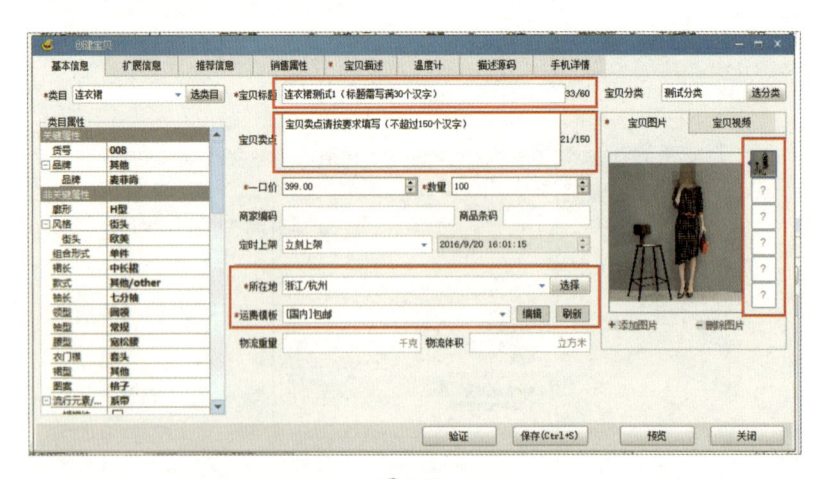

图1-98

同时请注意，女装类目的第六张主图建议上传一张长图，如图 1-99 所示。建议尺寸为 800 像素 ×1200 像素。

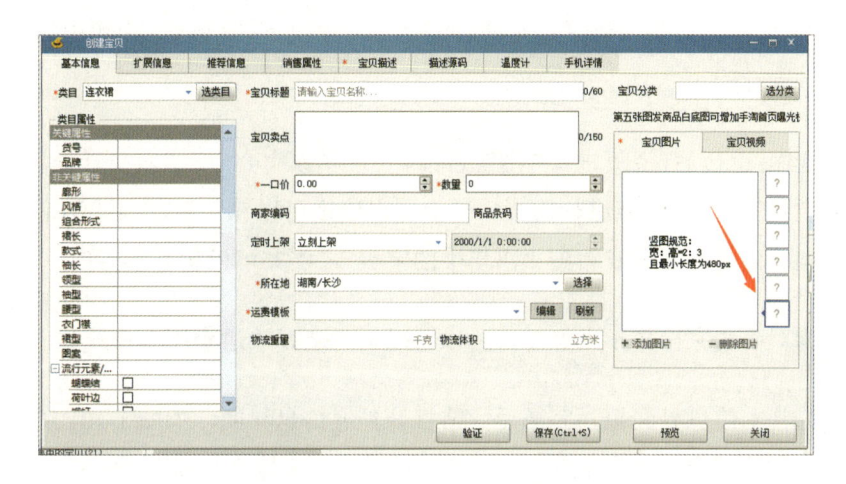

图 1-99

（7）如图 1-100 所示，"定时上架"有三种选择，"立刻上架""定时上架""进仓库"。

图 1-100

立刻上架：上传后，宝贝进入"淘宝店铺"→"卖家中心"→"宝贝管理"→"出售中的宝贝",买家可以进行购买。

定时上架:上传后,宝贝先进入"淘宝店铺"→"卖家中心"→"宝贝管理"→"仓库中的宝贝",到了设定的时间后,宝贝会自动发布到"出售中的宝贝",买家可以进行购买。

进仓库:上传后,宝贝进入"淘宝店铺"→"卖家中心"→"宝贝管理"→"仓库中的宝贝",买家不能进行购买。检查无误确定可以销售后,勾选该宝贝,单击"上架"按钮,即可发布到"出售中的宝贝",买家可以进行购买。

因为新手卖家操作不太熟练,所以可以暂时选择"进仓库"模式。

(8)基本信息界面填写完毕后,请打开扩展信息界面,如图1-101所示,笔者创建的是一款全新的连衣裙宝贝,"新旧程度"选择"全新"。根据淘宝规则,全新宝贝和二手宝贝不能互转,所以,请卖家朋友在"新旧程度"这里,一定要正确选择。同时,"橱窗推荐"也可以勾选。

图 1-101

(9)扩展信息界面填写完毕后,请打开推荐信息界面。如图1-102所示,淘宝系统升级之前,可以上传耐久标、水洗标、吊牌、合格证、质检报告等图片,这样就有机会优先在PC和手淘中展现给买家。现在系统已经升级,无须填写这部分内容，可以略过。

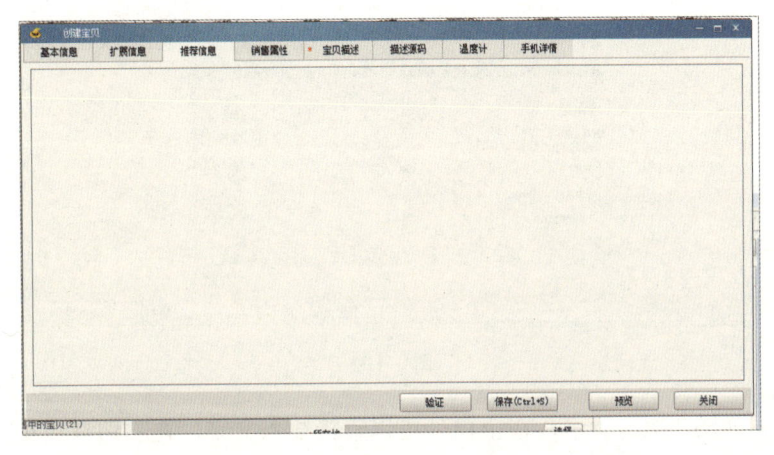

图 1-102

（10）推荐信息界面填写完毕后，请打开销售属性界面。如图 1-103 所示，填写正确的颜色分类、尺码、一口价、数量等信息。同时，为方便买家，提升购物体验，请务必上传颜色分类图片。

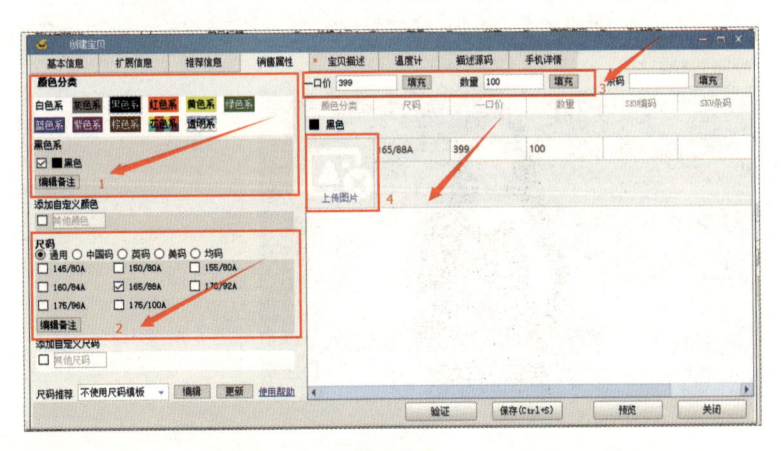

图 1-103

（11）销售属性界面填写完毕后，请打开宝贝描述界面。如图 1-104 所示，单击红色框选部分，上传已经制作好的宝贝描述图片。

图 1-104

（12）如图 1-105 所示，在空白处可以直接输入文字，在右边红色框选部分，可以选择"创建链接""取消链接""插入 HTML""插入表格""背景颜色""文字颜色"这些常用功能。你只需要将鼠标移动到相应图标上，即可看到相应的提示信息。

图 1-105

宝贝描述页面填写完毕后，可以看到右边的界面为宝贝温度计，可以登录生意参谋对宝贝描述页面进行分析。打开描述源码界面后，可以看到宝贝描述的 HTML 源代码。对 HTML 代码比较熟悉的卖家朋友可以直接编辑源代码。新手卖家朋友一般情况下用得不太多，此处就不一一赘述了。

（13）最后请打开"手机详情"页面。如图 1-106 所示，在这个界面下可以编辑手机描述。由于智能手机的普及，越来越多的买家都已经开始使用手机购物了，请新手卖家朋友务必重视手机淘宝的运营。如果发布了手机端的描述，就有机会优先在手机端展现给买家，所以请根据手机淘宝描述的相关要求发布手机端详情。

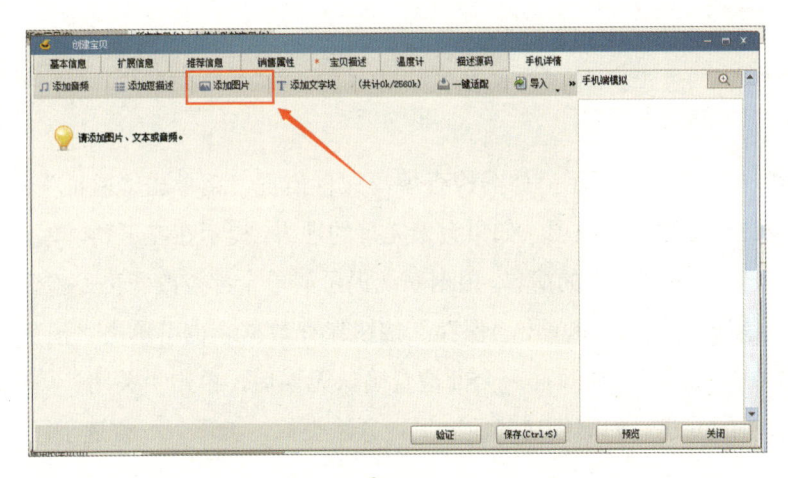

图 1-106

通过以上逐个界面的演示，卖家朋友已经完成了创建宝贝的基本工作。但是，在这个过程中会不会有遗漏的、未填写完善的地方呢？辛苦填写的这些信息，该怎么保存呢？如果想检查一下宝贝描述图片是不是都正确插入了，能不能预览一下呢？

带着这些疑问，卖家朋友可以根据图 1-107 红色框选部分，单击相应的按钮得到答案。

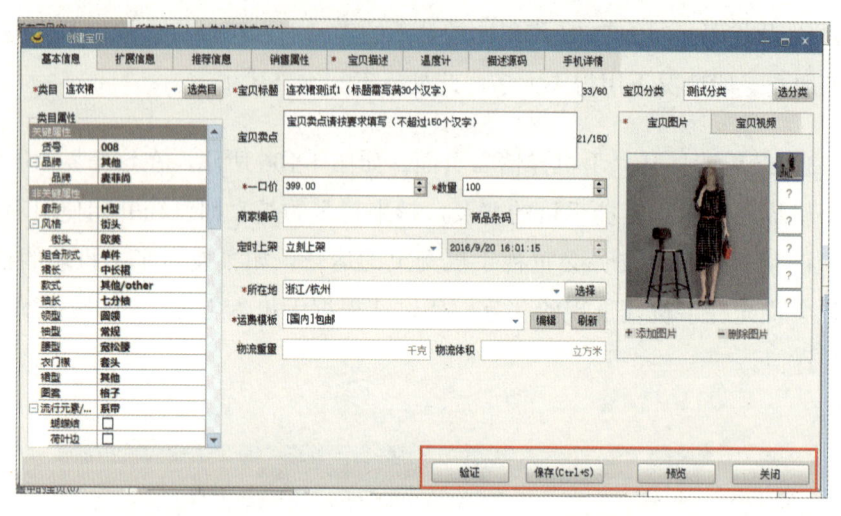

图 1-107

（14）如图 1-108 所示，如需检查填写完善情况，请单击"验证"按钮，淘宝助理会自动检测未完成项。如果有未完善的地方，提示在左下角，单击"详细"（蓝色字），即可看到完整的清单，根据系统提示清单全部修改即可。验证完毕后，若未出现错误提示，即可单击"保存"按钮保存数据。也可单击"预览"按钮，预览 PC 端宝贝描述详情页面。全部检查确认无误后，单击"关闭"按钮即完成了一款宝贝的创建。如需创建其他宝贝，方法类似，就不一一赘述了。

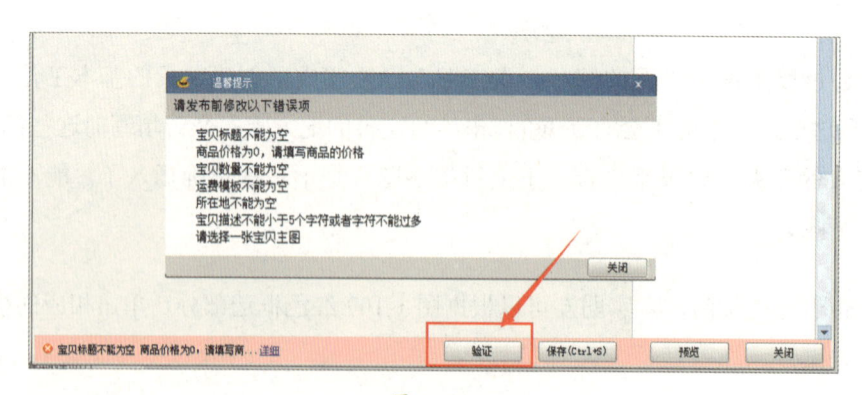

图 1-108

1.10.6 淘宝助理上传宝贝

通过前面的学习,卖家朋友已经知道如何创建一个或多个宝贝了。所创建的宝贝现在还保存在淘宝助理里,数据依然存放在本地电脑上。那么,如何将本地电脑淘宝助理里面的宝贝数据上传到淘宝店铺里去呢?

一般情况下,卖家朋友会有上传一个或多个宝贝到淘宝店铺的需求,笔者逐一演示。

(1)现在有一个宝贝需要上传到淘宝店铺,如图 1-109 所示,请勾选需要上传的宝贝,单击"上传宝贝"按钮。

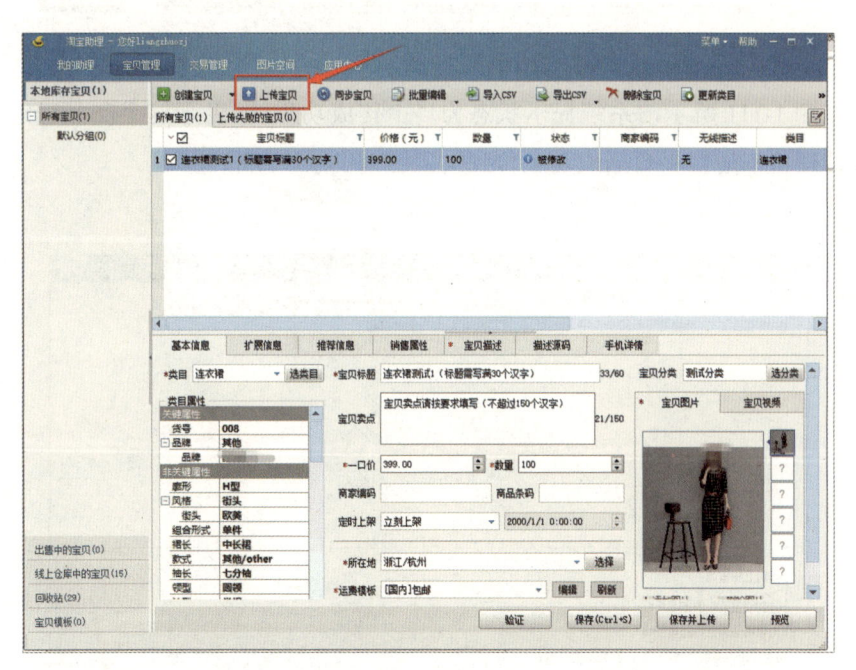

图 1-109

此时系统会自动进行价格检查,其他选项一般可以采取默认方式,如图 1-110 所示,单击"上传"按钮。

图 1-110

如图 1-111 所示，系统提示状态为"上传成功"，即表示这个产品已经通过淘宝助理将本地宝贝数据成功上传到淘宝店铺里了。

图 1-111

请卖家朋友打开店铺后台，找到"卖家中心"→"宝贝管理"进行检查。如果在图 1-100 中"定时上架"模式选择为"立刻上架"，那么，淘宝助理上传后，可以在"出售中的宝贝"中查找到刚才上传的宝贝。如果在图 1-100 中"定时上架"模式选择为"定时上架"或"进仓库"，那么，淘宝助理上传后，可以在"仓库中的宝贝"中查找到刚上传的宝贝。

（2）在实际工作中，卖家朋友可能会有批量上传多个宝贝的需求，请按照如图 1-112 所示，单击鼠标右键，根据实际需要，在弹出的快捷菜单中进行"勾选""取消勾选""全选"等操作。

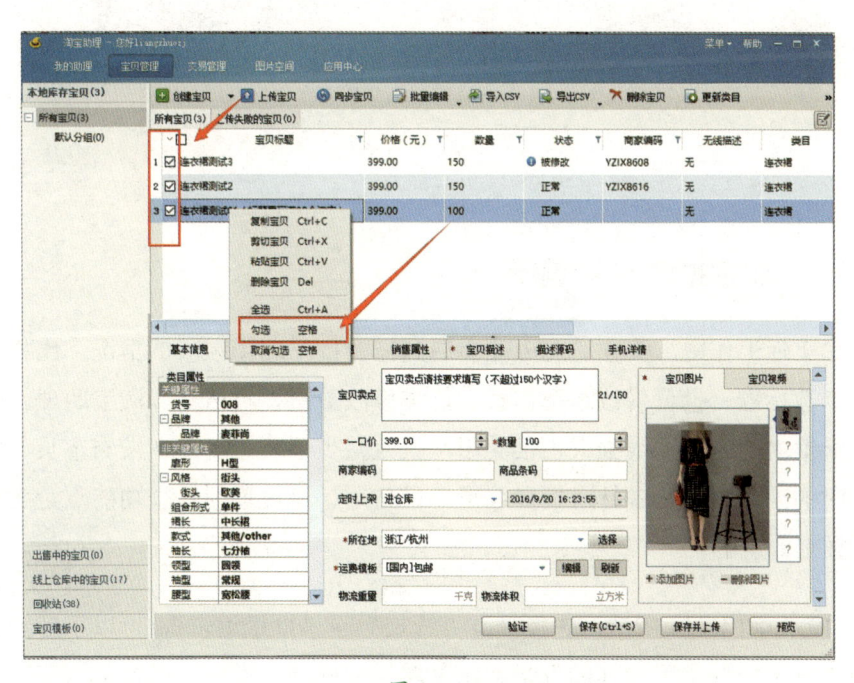

图 1-112

系统也和上传单个宝贝一样，如图 1-113 所示，进行价格检查，只需要单击"上传"按钮，即可将所选择的多个宝贝一次性上传到淘宝店铺里去。

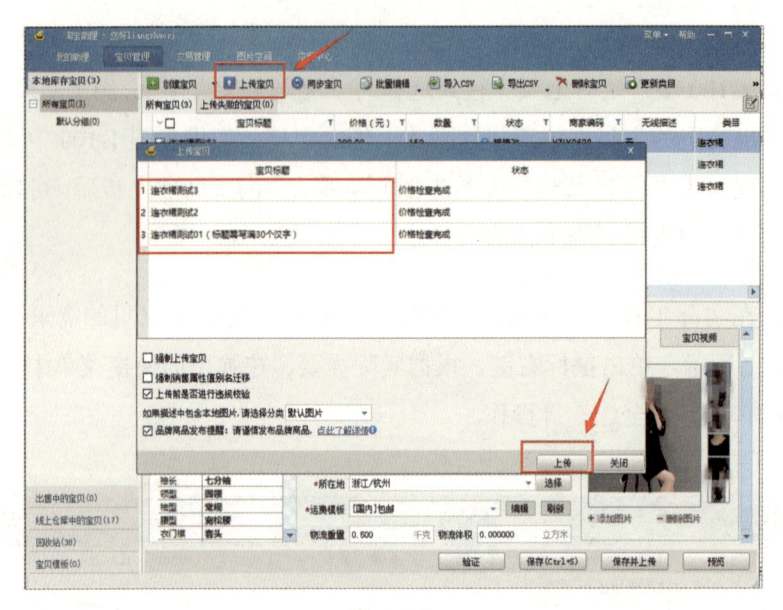

图 1-113

1.10.7 淘宝助理批量编辑

在实际工作中，卖家朋友可能会遇到需要批量编辑宝贝的情况。比如需要批量修改标题、批量修改运费模板、批量修改数量、价格等。淘宝助理就能实现批量编辑的功能，很强大也很实用，大大减少了卖家朋友在发布宝贝、修改宝贝时的工作量。笔者针对批量编辑中最常用、最典型的几个功能点给卖家朋友做详细的讲解。

（1）如图 1-114 所示，选择"宝贝管理"→"批量编辑"，可以了解到淘宝助理提供了哪些字段属性的批量编辑，包括：标题、商家编码、宝贝数量、价格、上架处理、尺码库、食品专项、快递信息、定制工具、宝贝分类、宝贝描述、类目信息、售后、营销、其他，等等。

（2）笔者以批量编辑两款宝贝标题为例演示，如图 1-115 所示，勾选需要批量编辑的宝贝。

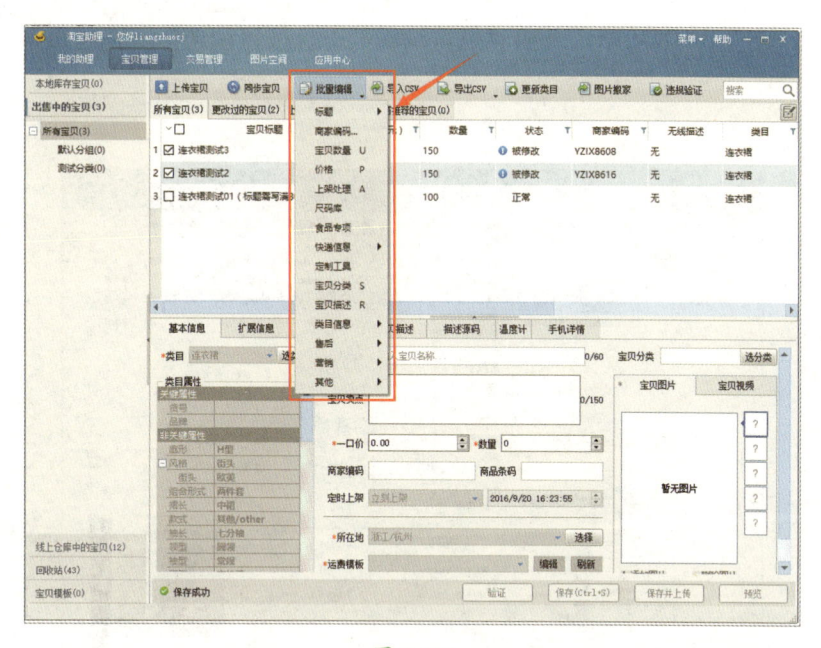

图 1-114

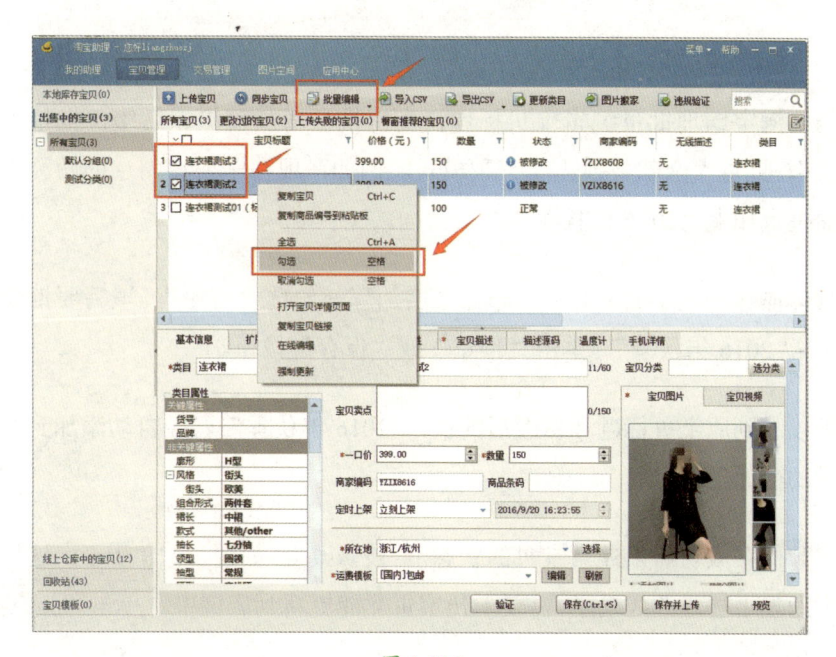

图 1-115

（3）如图1-116所示，单击"批量编辑"下拉按钮，选择"标题"→"宝贝名称"。

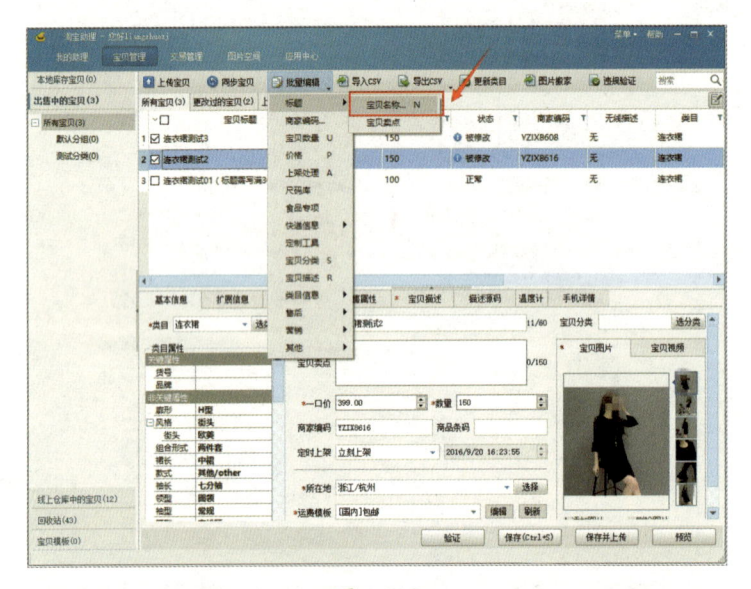

图 1-116

（4）淘宝助理批量编辑宝贝标题，支持批量增加前缀、后缀，批量"查找并替换"，批量"全部替换为"三种模式。例如，现在需要在勾选的两款宝贝标题前面批量加上"2016年秋季"的关键词。

具体操作如图1-117所示：选择"增加"→勾选"前缀"，填写要批量增加的文字："2016年秋季"，单击"预览"或"保存"按钮。

可以看到原宝贝标题和修改后的值，"2016年秋季"已经自动添加到两款宝贝标题的前面了。

（5）保存成功后，注意宝贝的状态："被修改"，如图1-118所示，这仅仅是在淘宝助理中被修改成功了，需要上传宝贝才能更新到店铺中。单击"上传宝贝"按钮上传。

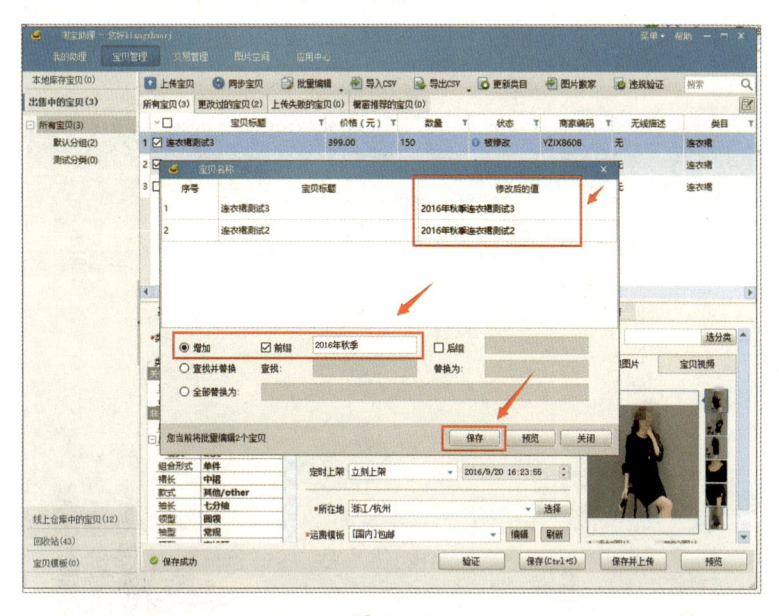

图 1-117

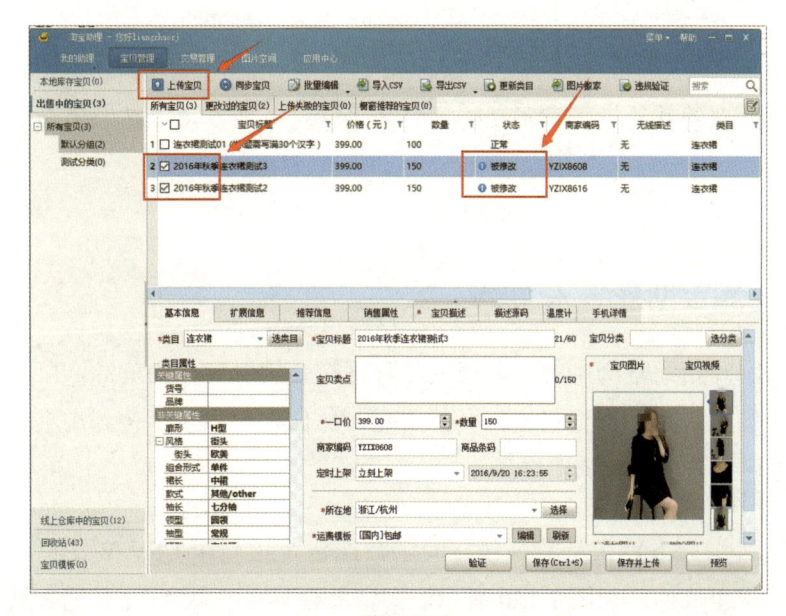

图 1-118

（6）系统会弹出如图 1-119 所示的界面，确认宝贝标题已经在前部加上了

"2016 年秋季"的关键词,单击"上传"按钮,即可将标题批量编辑更新完毕。

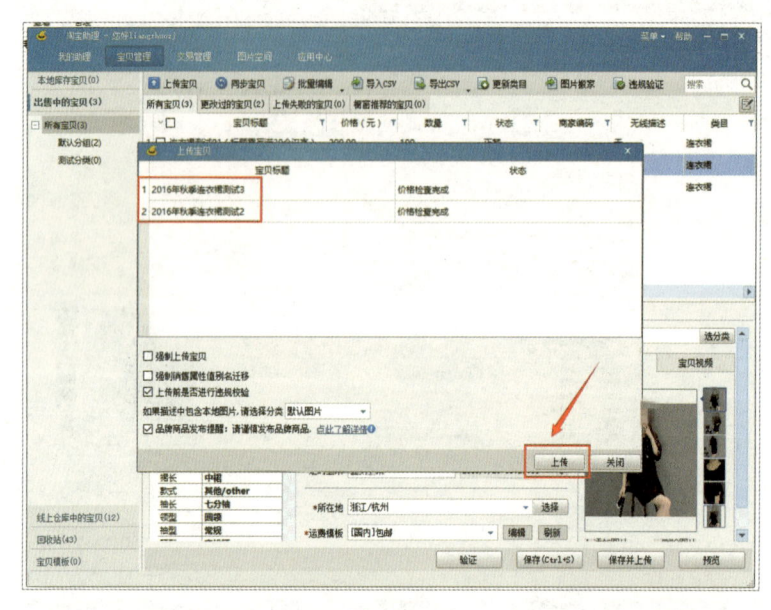

图 1-119

淘宝助理的其他批量编辑功能还有很多,卖家朋友可以按照演示的方法尝试一下。

1.10.8 淘宝助理导入 CSV

很多刚开始经营淘宝的卖家朋友,有可能会接触到分销货源,厂家会提供相应的数据包,但是数据包该怎么使用呢?如何将数据包上传到淘宝店铺呢?这些问题困扰着很多卖家朋友。

首先认识一下什么是数据包。淘宝数据包是由一个 CSV 文件和一个同名图片文件夹组成的,如图 1-120 所示,淘宝助理导入 CSV 就是要把数据包中的 CSV 文件导入淘宝助理。

图 1-120

(1) 如图 1-121 所示,选择"宝贝管理"→"本地库存宝贝"→"所有宝贝",单击"导入 CSV"按钮。

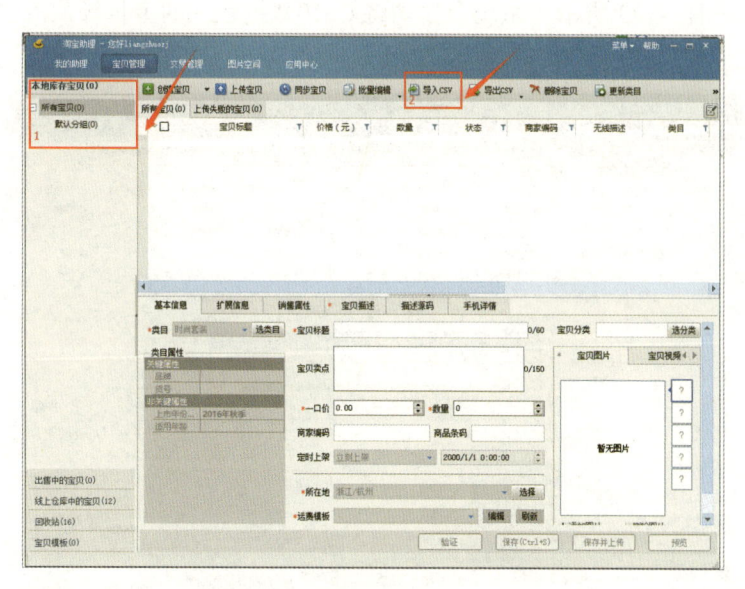

图 1-121

(2) 如图 1-122 所示,找到 CSV 数据包文件,选择"CSV 文件",单击"打开"按钮。

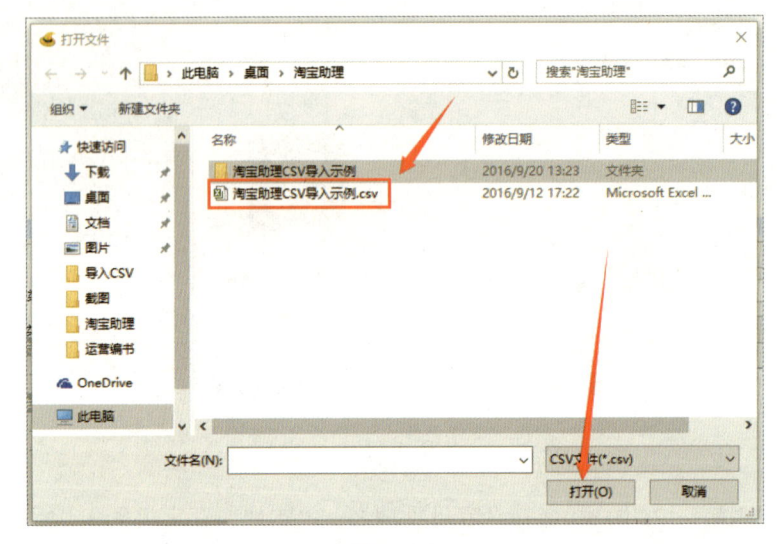

图 1-122

（3）如图 1-123 所示，系统会自动将 CSV 数据包中的宝贝导入淘宝助理中。

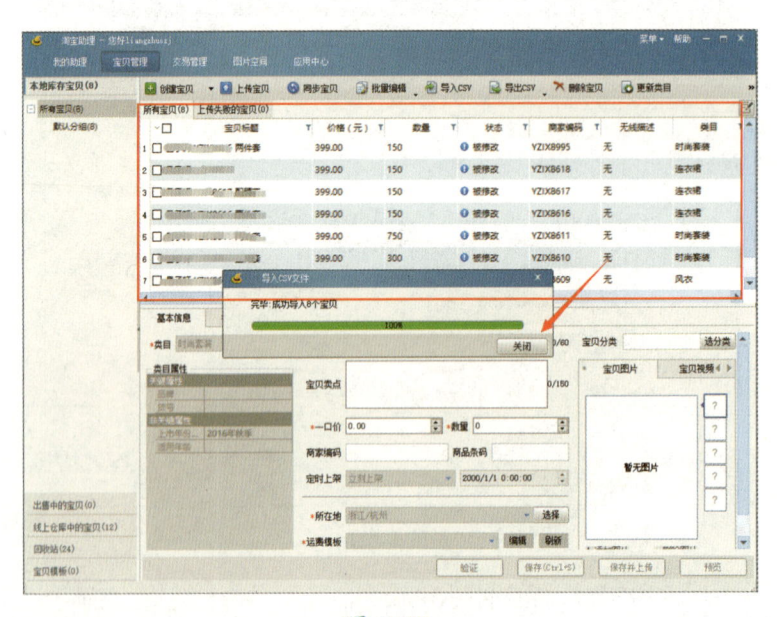

图 1-123

（4）如图 1-124 所示，留下准备上传到淘宝店铺的宝贝数据，单击"更新类目"按钮后，进行相应的编辑。因厂家提供的 CSV 数据包会分发给很多代理，故如果不编辑宝贝而直接上传，很容易被判断为与别家有同款宝贝。建议卖家朋友按照发布全新产品的方法，对数据包进行相应的编辑，请重新核实类目，确保发布在正确类目下；属性请填写完整正确；标题请重新编写，不建议沿用原标题；一口价请进行适当调整；宝贝所在地和运费模板根据实际情况进行修改；宝贝主图请用 PS 软件重新修图处理；宝贝描述建议重新修改并切片；等等。总的来说，不建议直接上传数据包到淘宝店铺里，而应尽量重新编辑宝贝后再上传。

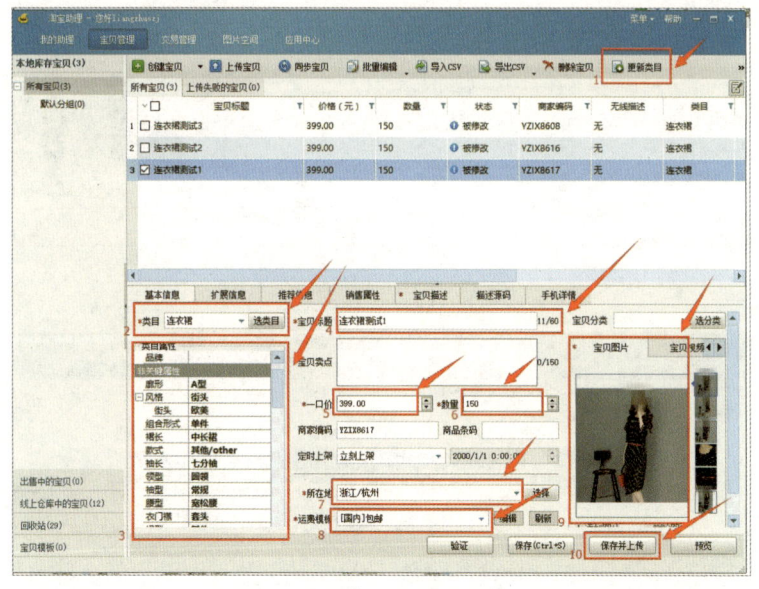

图 1-124

（5）如图 1-125 所示，所有的修改工作完成后，单击"上传"按钮。

（6）如图 1-126 所示，系统会自动检测错误信息。图 1-126 中检测到的错误信息为宝贝描述存在外链图片。这是因为厂家把图片存放在非淘宝图片空间的服务器上，而卖家发布产品时，必须将图片存放到淘宝官方的图片空间里。这个问题怎么解决呢？系统提示可以通过淘宝助理搬家工具，将存放在非淘宝图片空间服务器上的图片搬到淘宝官方图片服务器上来。先单击"关闭"按钮，关闭上传界面。

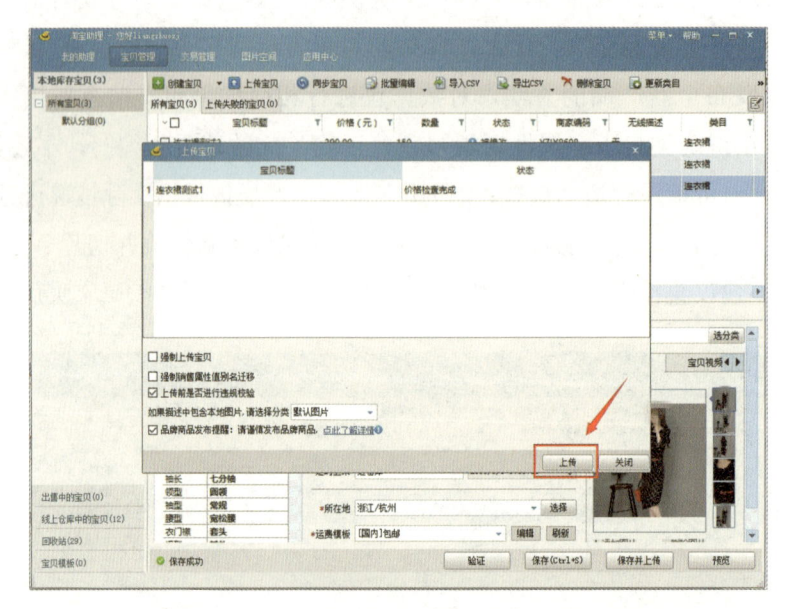

图 1-125

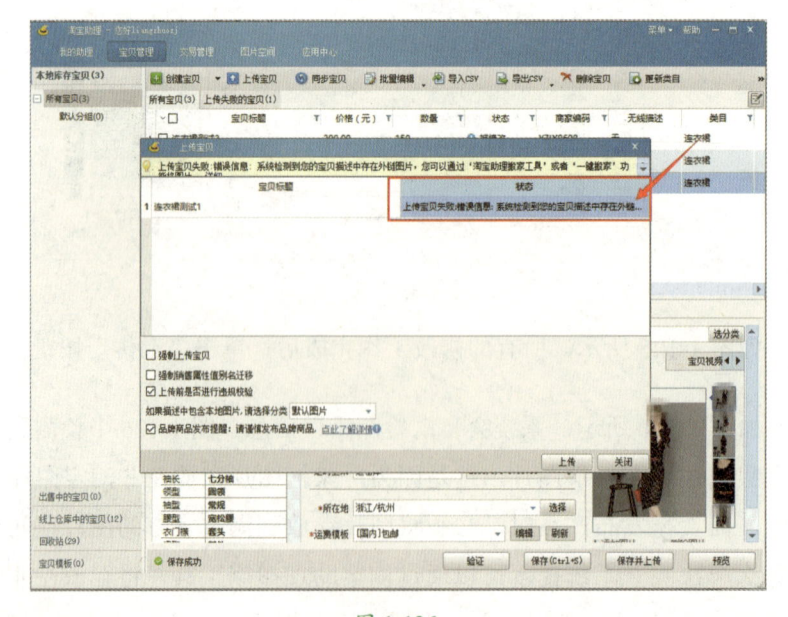

图 1-126

(7)如图 1-127 所示,单击"图片搬家"按钮。

图 1-127

(8)如图 1-128 所示,一般使用默认设置,单击"上传"按钮。

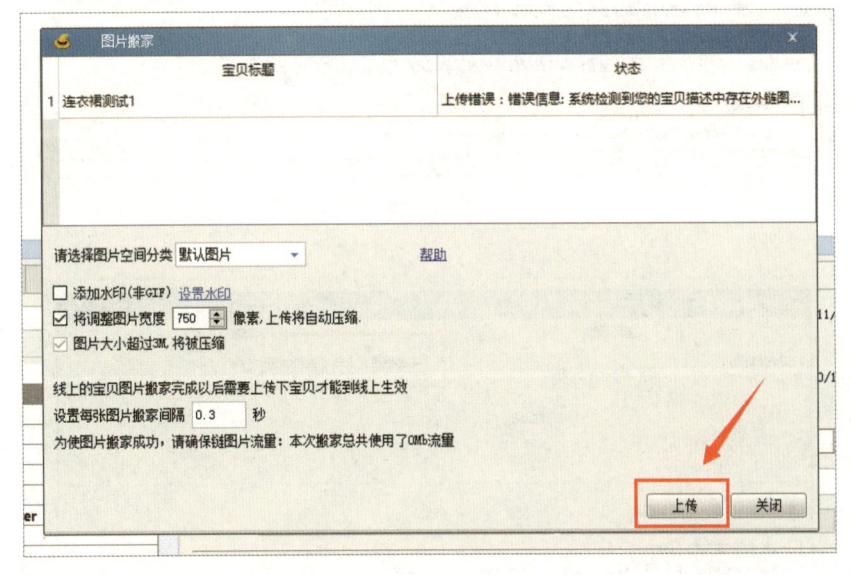

图 1-128

(9)如图 1-129 所示,外链图片自动上传到淘宝图片空间里了,通过这种方式完成图片搬家工作。

(10)如图 1-130 所示,系统会自动提示图片搬家是否成功。如果发现有失败的情况,建议重新操作图片搬家。

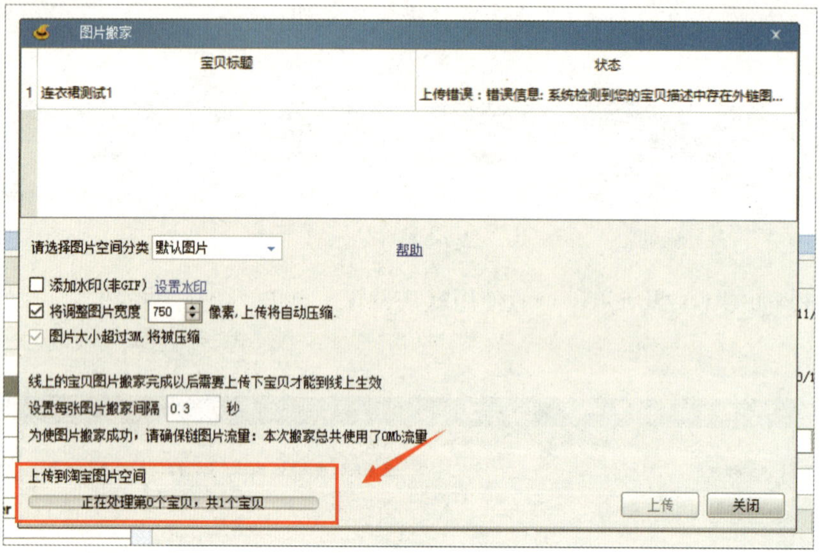

图 1-129

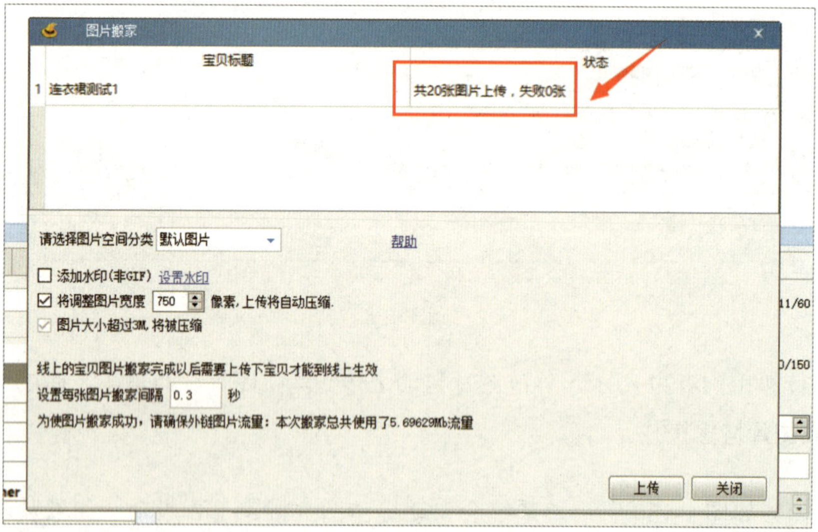

图 1-130

（11）如图 1-131 所示，重新上传宝贝成功，但是发生了错误，提示部分图片已参加图片保护。这是因为，厂家为防止盗图侵权，对原创图片设置了图片护盾，如果没有取得图片授权，上传的宝贝会被系统自动删除。所以，请卖家朋友重视这个问题，可以实拍图片，或者可以申请厂家去 https://tupian.taobao.com 这个网址对你进行图片授权，防止宝贝被删除。

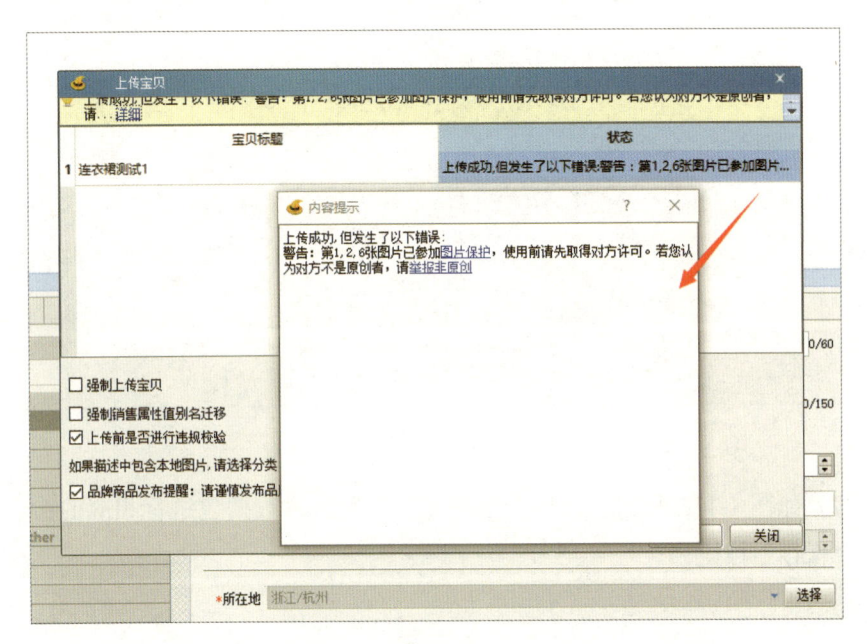

图 1-131

1.10.9 淘宝助理导出 CSV

在实际工作中，有很多卖家朋友拥有品牌和工厂，想招募分销商销售产品。一般情况下，作为厂家，可以制作 CSV 数据包，分发给分销商导入淘宝助理上架销售，那么 CSV 数据包该怎么制作呢？

（1）如图 1-132 所示，首先需要把宝贝成功上传到自己的淘宝店铺里，找到出售中的宝贝，单击"导出 CSV"按钮，根据实际情况选择"导出勾选宝贝"或者"导出本分组宝贝"以及"导出所有宝贝"。

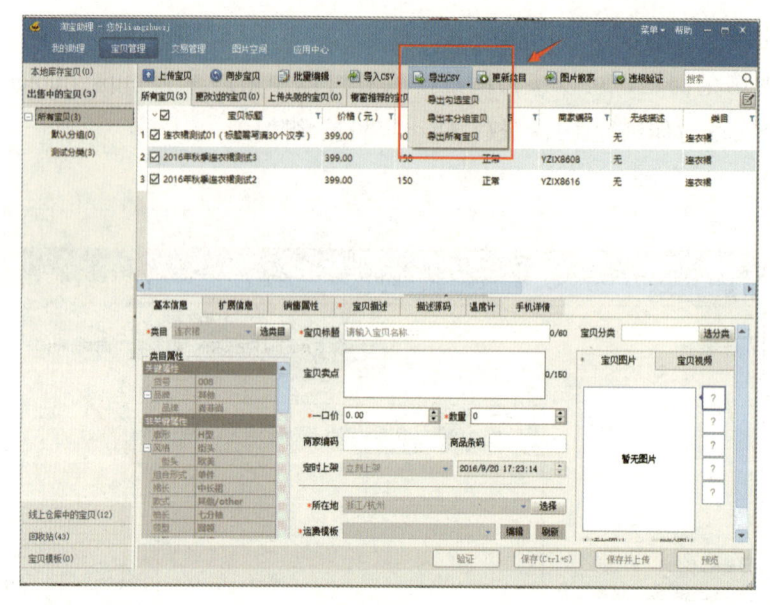

图 1-132

（2）如图 1-133 所示，选择合适的文件位置，对数据包进行相应的命名后，单击"保存"按钮。

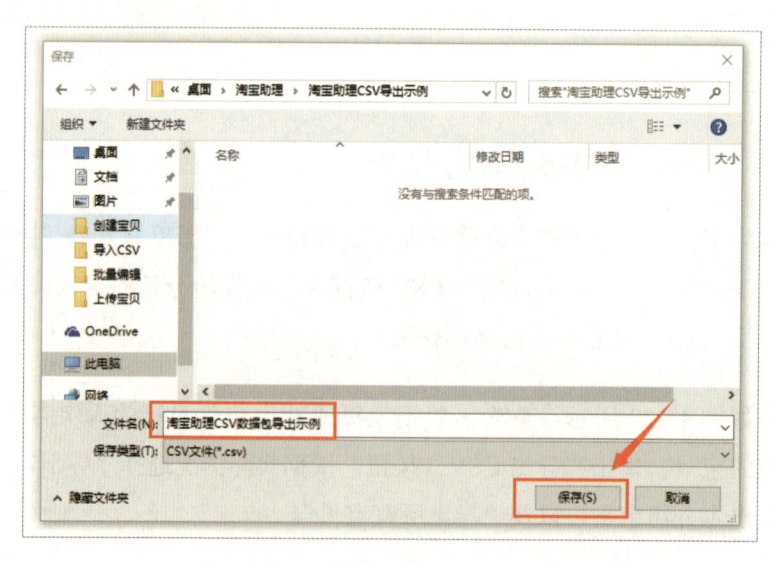

图 1-133

（3）如图 1-134 所示，可以看到其成功导出了三条 CSV 记录。

图 1-134

（4）如图 1-135 所示，可以在电脑中查找到刚导出的数据包，有一个 CSV 文件和一个同名文件夹。只需要将其进行压缩打包，发送给代理商，即可让它们导入淘宝助理后编辑上传。

如果你导出的数据包图片是实拍图，并设置了图片实拍保护护盾，请不要忘记去 https://tupian.taobao.com 给代理商进行图片授权。

图 1-135

淘宝助理是一款提供给淘宝卖家免费使用的开网店软件,它可以使你不登录淘宝网就能直接编辑宝贝信息,快捷地批量上传宝贝。其强大的批处理功能将省去卖家上传和修改商品信息等的大量时间,还可管理图片空间,打印快递单、发货单等,能大大提高开店效率,从而使卖家朋友有更多的时间关注经营和其他工作。因篇幅问题,笔者只能简单介绍,更多的使用功能,期待你的尝试。

第 2 章

引导入店

免费流量在店铺运营的任何一个阶段都是不缺失的流量来源，常见的免费流量又分为：淘内免费流量与淘外免费流量。

常见淘内免费流量获取方式：（1）撰写正确合理的商品标题；（2）设置合理的商品上下架时间。

常见的淘外免费流量方式有微信朋友圈、QQ 空间、微博等。

2.1 淘内免费流量

2.1.1 撰写商品标题

阿里巴巴平台中的每一个商品都需要设置属于商品自身且符合平台规则的标题，以便销售者能根据自己的即时需求找到商品从而进行购买。反之，从商家的角度看，设置一个符合平台规则且合理的商品标题就有可能获得平台的搜索流量，而搜索流量对任何一个阶段的商家都是很重要的流量来源之一。

店铺中商品的常见状态有三种：发布商品、出售中的商品、仓库中的商品。这三种不同状态的商品，标题撰写的操作页面是一样的，但进入操作页面的路径不同，本节内容会分别介绍。

1. 发布商品过程中的标题撰写

操作路径："商家中心"（如图 2-1 所示）→"发布宝贝"→"类目选择"（如图 2-2 所示）→"商品描述"→"标题设置"。

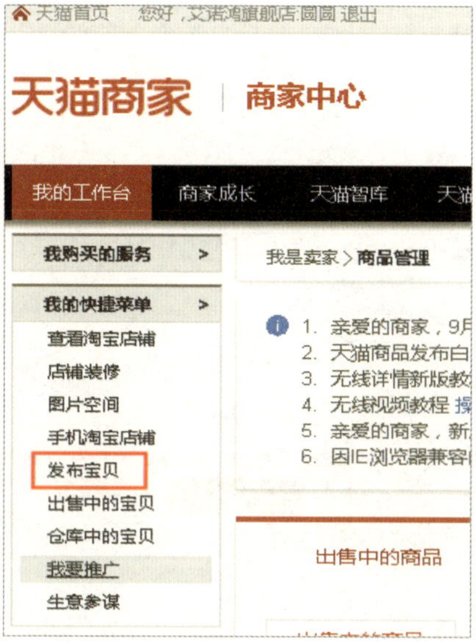

图 2-1

图 2-2

一定要给商品选择正确合理的类目，否则有可能会影响到商品的引流能力。如果错放类目，会被平台处罚。类目选择好之后，单击"发布商品"按钮（如图 2-3 所示）。

图 2-3

商品发布后,操作页面会跳转到淘商品编辑页面,然后选择"详细描述",如图 2-4 所示,就可以开始商品标题的撰写了。

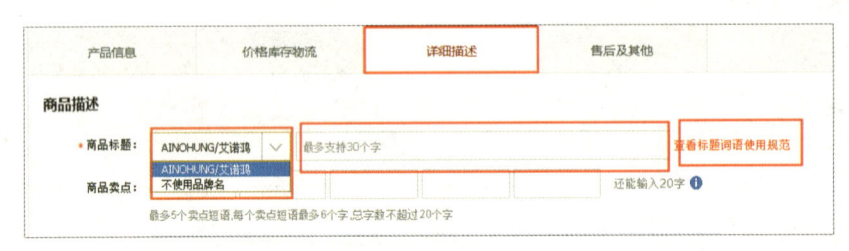

图 2-4

2. 标题撰写的注意事项

(1) 标题词语使用规范。

撰写的商品标题一定要符合平台规则,否则会有几种结果:影响商品的引流能力;发布不了商品;受到平台的处罚。所以卖家在撰写标题的时候一定要先查看一下标题词语的使用规范,如图 2-5 所示。

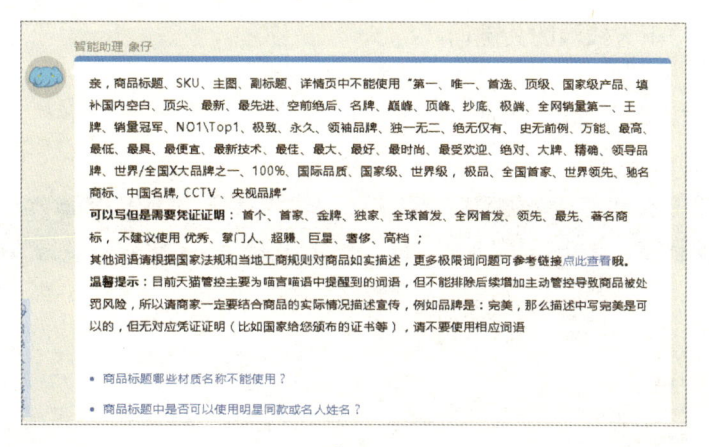

图 2-5

（2）选择合理的关键词。

撰写标题时，选用合理的标题词语（又称：关键词）会直接决定标题给商品带来的引流能力，所以选择匹配的关键词特别重要。在阿里巴巴平台的很多地方可以找到现成的关键词，直接拿来使用即可。这里就给大家介绍一下常见的寻找关键词的方法。

a．搜索下拉框，如图 2-6 所示。

图 2-6

下拉框中展示的是平台搜索系统自动推荐的近期搜索量比较大的关键词，我们可以整理出来供撰写标题时参考使用。这里给大家展示的是 PC 端的关键词，还可以参考一下无线端的关键词。

b. 专用工具，如图 2-7 所示。

图 2-7

选择"生意参谋"后台→"流量"→"选词助手"可以给我们提供更多的关键词（有很多项参数）。

注：在选择关键词时，要考虑关键词与产品的匹配度、关键词的引流能力、关键词即时的搜索量与转化率等维度。

3. 撰写标题的方法

（1）把选好的关键词直接填写进"商品标题"栏即可，如图 2-8 所示。需要注意的是商品标题最多只能支持 30 个字符，超出会导致发布不成功。

图 2-8

（2）"商品标题"栏有品牌选择项目，在撰写时，可以根据实际情况进行选择。

（3）在"商品卖点"栏中，商品的卖点要尽量填写完整。

（4）商品标题的撰写技巧案例如图 2-9、图 2-10 所示。

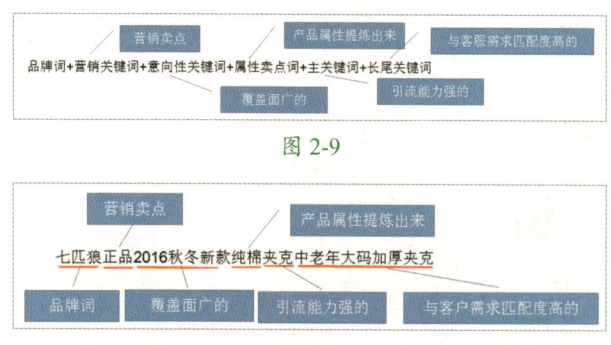

图 2-9

图 2-10

（5）标题撰写完成，单击"发布商品"按钮即可。

4．出售中的商品标题撰写

路径：请依次打开"商家中心"→"宝贝管理"→"出售中的宝贝"，如图 2-11 所示。在"出售中的商品"界面，如图 2-12 所示，找到需要修改的商品，单击"编辑商品"，即可跳转到标题修改页面。

图 2-11

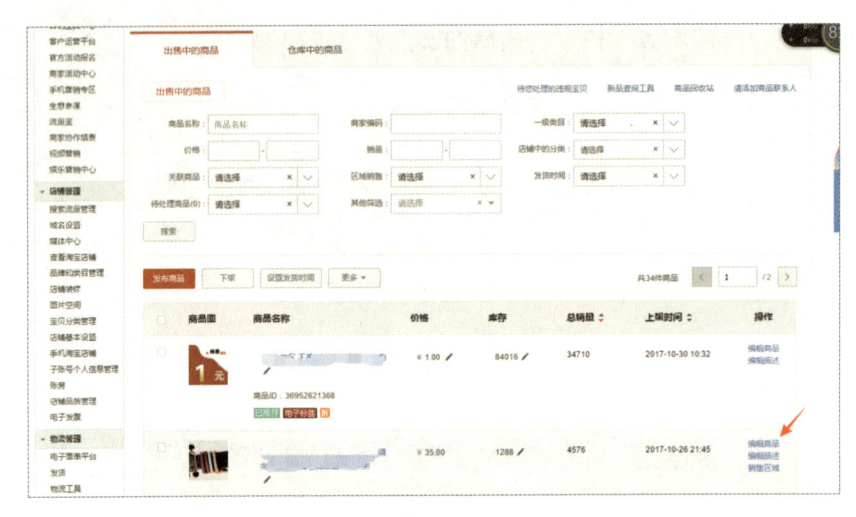

图 2-12

5．仓库中的宝贝标题撰写

路径：请依次打开"商家中心"→"宝贝管理"→"仓库中的宝贝"，如图 2-13 所示。然后在已打开的"仓库中的商品"界面，找到需要修改的商品，单击"编辑商品"，即可跳转到标题修改页面，如图 2-14 所示。

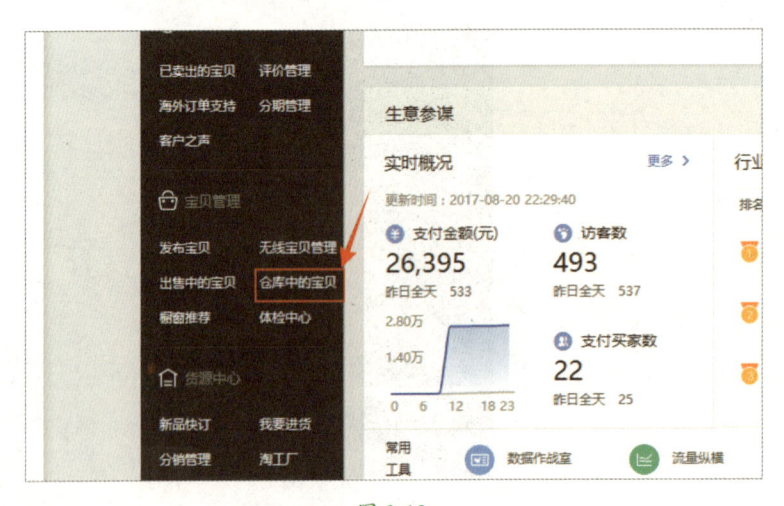

图 2-13

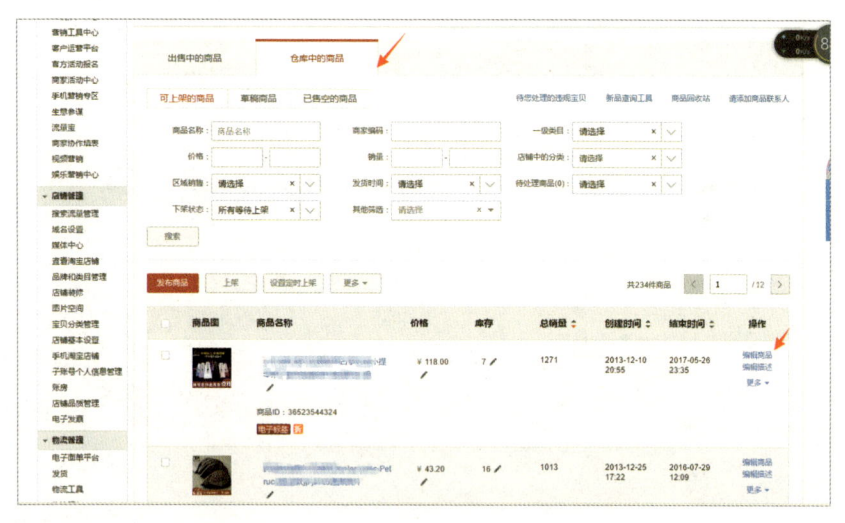

图 2-14

2.1.2 上下架时间设置

淘宝商品上下架的周期为 7 天,刷新时间为 15 分钟。例如,某款宝贝的上架时间是周一上午 10 点 10 分,那么在第二周周一上午 10 点 10 分前 15 分钟搜索这款商品,它的排名会靠前,所以利用好下架时间能给店铺引入更多搜索流量。

1. 上下架时间设置的路径

选择"商家中心"→"发布(出售、仓库)中的宝贝"→"编辑商品"→"售后及其他",如图 2-15 所示。

2. 上下架时间的设置技巧

商品的上下架时间设置需要参考店铺的流量高低峰值,把商品的上下架时间设置在店铺流量的峰值前。如图 2-16 所示,这家店铺的流量峰值(4 个红框),就是设置上下架时间时比较好的选择。

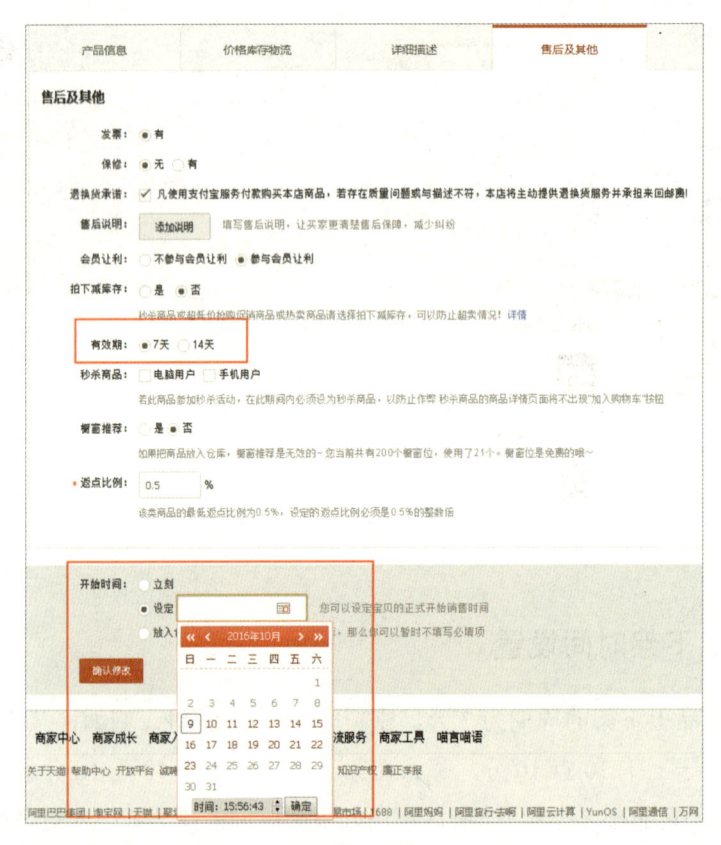

图 2-15

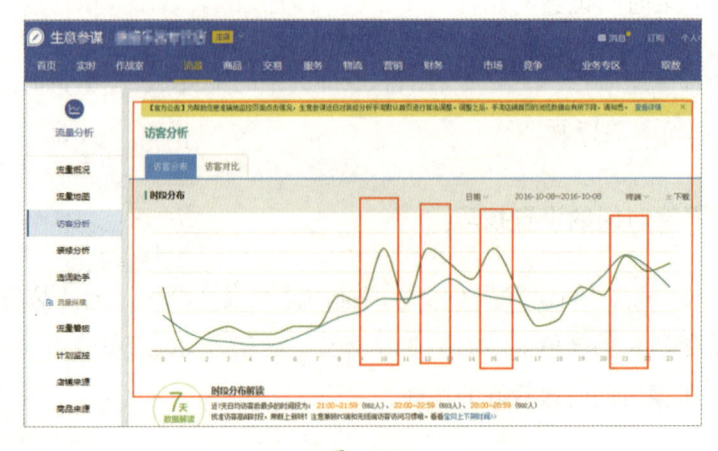

图 2-16

2.2 淘外免费流量

在店铺运营过程中，除淘内的免费流量之外，我们还可以利用淘外的一些工具给我们的店铺引流，例如微信朋友圈、QQ 空间、微博等，这里就不一一介绍了。

第 3 章

直通车推广

3.1 直通车基础介绍

3.1.1 基础常识

直通车：淘宝/天猫直通车是一款推广商品/店铺的营销工具，通过对买家搜索的关键词或是淘内/外的展现位置出价的方式，淘宝/天猫将宝贝展现在对应的直通车展位上。卖家也可自行选择在哪些买家眼前展现，让宝贝在众多商品中脱颖而出。

直通车原理：卖家设置与推广商品相关的关键词和出价，在买家搜索相应关键词时，推广商品获得展现和流量，实现精准营销，卖家按所获流量（点击数）付费。卖家加入淘宝/天猫直通车，即默认开通搜索营销。

直通车优势：直通车覆盖最大的购物搜索引擎；每天有3亿买家在使用超过百万的展现流量；通过关键词、人群、时间、地域精准获取流量。

直通车展示形式：显示位置展示创意图、价格、创意标题、销量；展示位置有"掌柜热卖"标识。

展示位置：PC端搜索页面右侧，有"掌柜热卖"字样（如图3-1所示）。

PC端搜索页下部，有"掌柜热卖"字样（如图3-2所示）。

PC端搜索结果页第一排，有"掌柜热卖"字样（如图3-3所示）。

PC端收藏页底部，有"热卖单品"字样（如图3-4所示）。

PC端购物车加购页底部，有"掌柜热卖"字样（如图3-5所示）。

图 3-1

图 3-2

图 3-3

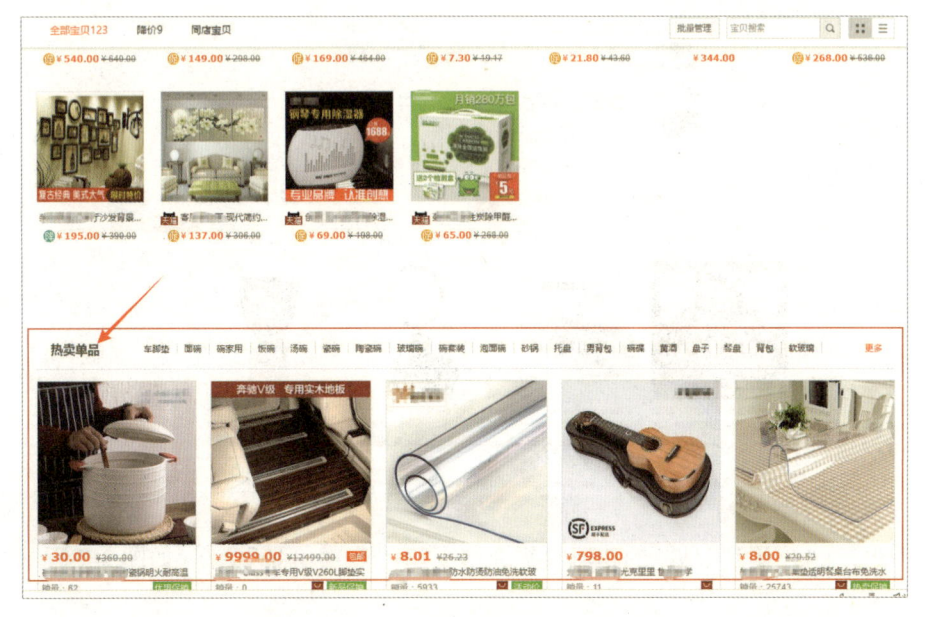

图 3-4

图 3-5

PC 端"已买到宝贝"页面底部,有"热卖单品"字样(如图 3-6 所示)。

图 3-6

PC 端"已买到宝贝"的物流收货详情页,有"热卖单品"字样(如图 3-7 所示)。

PC 端淘宝网首页中间位置,有"热卖单品"字样(如图 3-8 所示)。

图 3-7

图 3-8

PC 端买家版旺旺弹窗中"我的焦点"位置,有"热卖单品"字样(如图 3-9 所示)。

无线端搜索结果页,有"HOT"字样(如图 3-10 所示)。

手机淘宝 APP 首页,"猜你喜欢"中有"HOT"字样(如图 3-11 所示)。

图 3-9

图 3-10

图 3-11

本书仅列举了常见的直通车展示位置，限于篇幅，就不一一列举了。

直通车收费方式：按点击计费。

买家搜索一个关键词，设置了该关键词的宝贝就会在淘宝直通车的展示位上出现。当买家点击卖家推广的宝贝时，卖家才需付费，淘宝直通车才会进行相应扣费。根据卖家对该关键词设置的价格，淘宝直通车的扣费均小于或等于卖家的关键词出价。

扣费公式：单次点击扣费 =（下一名出价 × 下一名质量分）/ 你的质量分 +0.01 元

因此，卖家的质量得分越高，所需付出的费用就越低。最高扣费为卖家设置的关键词出价，当公式计算得出的金额大于出价时，将按卖家的实际出价扣费。

3.1.2　直通车首页介绍

直通车入口：淘宝 / 天猫店铺后台→卖家中心→我要推广→淘宝 / 天猫直通车，如图 3-12 所示。

图 3-12

或直接登录直通车后台网址：http://zhitongche.taobao.com/，如图3-13所示。

图3-13

直通车后台首页模块如图3-14所示。

图3-14

- 顶部通栏（包含直通车顶部广告；直通车账户ID；直通车站内信；新手指引；在线咨询；下载APP），如图3-15所示。

图 3-15

- 左侧通栏（首页；推广计划；我的关注；报表；账户；工具；活动平台；第三方；实时点击），如图 3-16 所示。

图 3-16

- 上部功能（直通车实时数据）如图 3-17 所示。

图 3-17

- 中部功能（直通车账户余额；代办事项）如图 3-18 所示。

图 3-18

- 下部功能（新建推广计划；暂停推广；参与推广；计划列表）如图 3-19 所示。

图 3-19

直通车推广计划介绍如下。

- 新建推广计划（目前直通车可创建 8 个推广计划，计划一旦建立则不能删除，只能修改名称）如图 3-20 所示。

图 3-20

- 计划功能包括直通车计划切换；直通车计划设置；展示数据时间；计划数据报表。
- 关键词列表（可以快捷地对计划的关键词进行相应的操作；可查询关键词的数据）如图 3-21 所示。

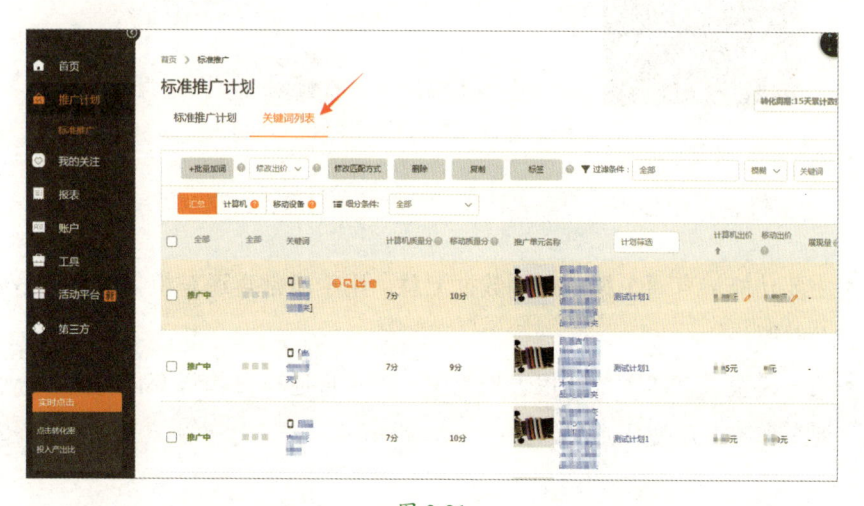

图 3-21

3.1.3 直通车报表介绍

如图 3-22 所示，直通车报表种类有：直通车报表、定向报表，此外还有实时点击报表。

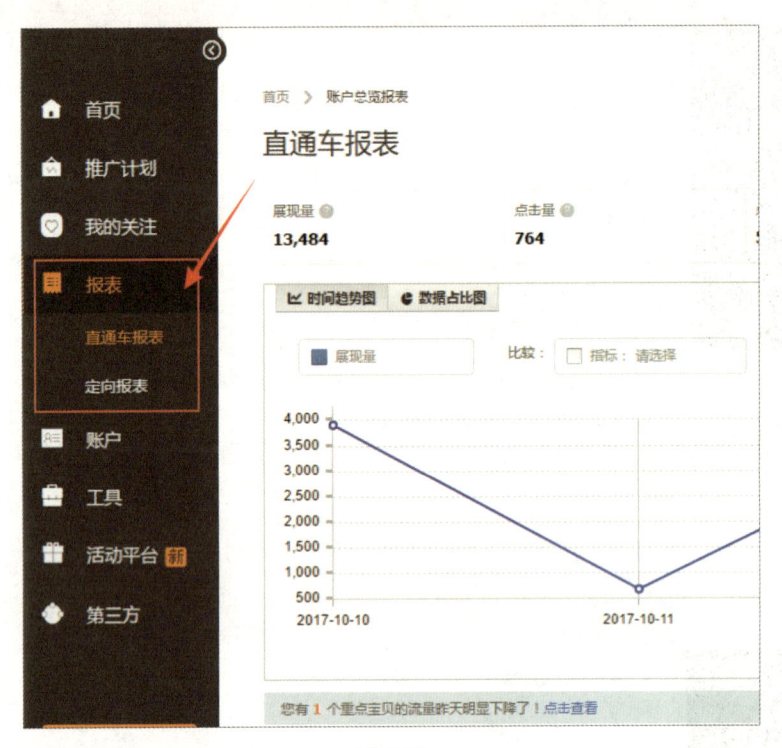

图 3-22

直通车报表介绍如下。

- 主要功能：直通车推广计划数据汇总，用于日常直通车整体计划数据分析及对照。
- 第一模块：直通车数据报表趋势图，用于直通车日趋势变化对照，分析直通车调整前后变化走势，如图 3-23 所示。

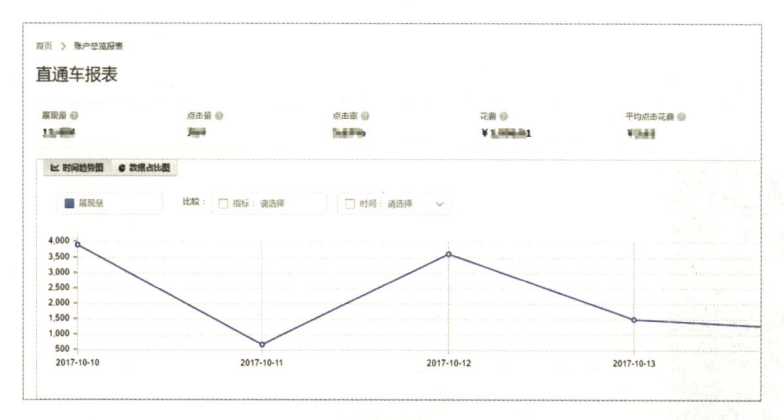

图 3-23

- 第二模块：直通车计划报表主要是根据计划、推广单元、创意、关键词、地域等进行数据分析，如图 3-24 所示。

图 3-24

定向报表：直通车定向报表主要是根据定向计划进行数据报表分析，如图 3-25 所示。

图 3-25

实时点击：主要是诊断当日直通车数据展示效果，可以宝贝为维度查看流量、点击率、成交等状况，如图 3-26 所示。

图 3-26

直通车后台有一些重要数据指标，解释如下。

- 点击量（UV）是指某一段时间内宝贝展现在淘宝前被点击的次数。
- 展现量（PV）是买家搜索了宝贝相关关键词，宝贝在淘宝页面展示出来的次数。
- 点击率（CTR）是指宝贝被点击的次数与宝贝展现次数之比（CTR=UV/PV）。
- 转化率（CVR）是一段时间内宝贝的成交笔数与相对应时间宝贝点击量之比（CVR= 成交笔数 /UV）。
- 投入产出比（ROI）是指在一段时间内直通车成交金额与这段时间内直通车花费之比（ROI= 销售额 / 花费）。

3.1.4 账户财务介绍

直通车后台账户充值：在直通车没有费用的时候可以通过账户直接进行充值，首次充值最低 500 元，后期最低充值 200 元，如图 3-27 所示。

图 3-27

- 自动充值和提醒（可以设置最小余额提醒充值或自动充值；直通车可以绑定支付宝进行自动充值；提醒可以通过手机短信或旺旺两种方式进行）。
- 财务记录（财务记录主要用于核对直通车消耗，如果当天出现恶意点击等多扣费情况，系统会在核实后的第二天返还；对于直通车花费（红包除外），卖家可以申请发票用于财务报销（建议以季度或半年为周期进行申请），在特殊情况下可以申请未使用直通车费用返还，但账户中若有红包，会自动清零）。

3.1.5 账户操作记录

- 关键词相关（操作记录主要是为了查找以往操作痕迹，方便操作人员进行检查；关键词相关主要指针对所有关键词添加、删减、调价、匹配等优化的记录），如图 3-28 所示。
- 宝贝相关主要指针对账户人群搜索等操作进行操作记录。

- 计划相关主要是对推广计划设置日限额以及修改计划名称、投放平台、投放时间、投放地域等操作进行操作记录。
- 创意相关主要指针对推广创意图片、创意标题等操作进行操作记录。

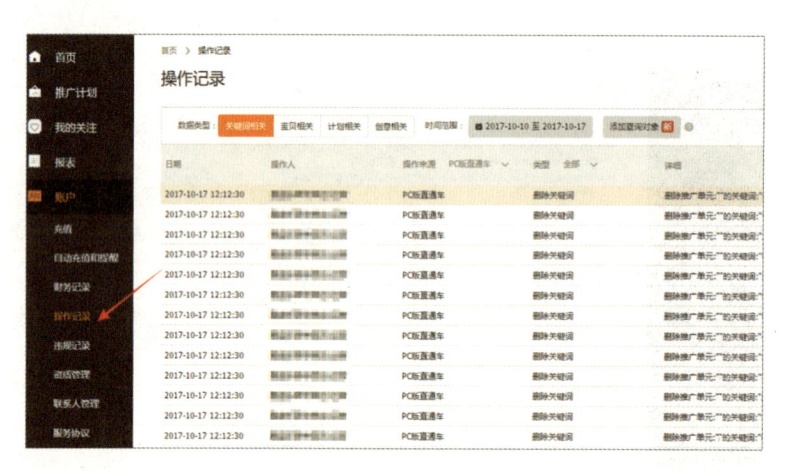

图 3-28

3.1.6 账户资质管理

- 直通车违规记录，如图 3-29 所示。

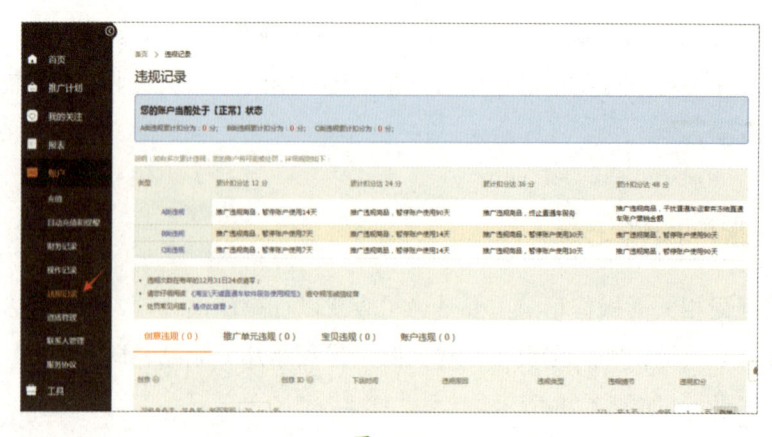

图 3-29

主要是记录直通车账户违规记录列表（例如：在关键词、推广图片、推广标题、宝贝描述中使用不符合客观事实的用语，包括但不仅限于"国家级""最高级""最低价""最畅销""最佳""种类最全"等。与他人品牌、商品等进行比较的描述信息等，例如"比耐克质量更好"）。

- 直通车资质管理，如图 3-30 所示。

图 3-30

需卖家提交品牌行业资质扫描件。

- 直通车联系人管理，如图 3-31 所示。

图 3-31

直通车重要信息通知与下发要根据权限、针对性、预留联系方式等进行通知。

- 直通车服务协议，如图 3-32 所示。

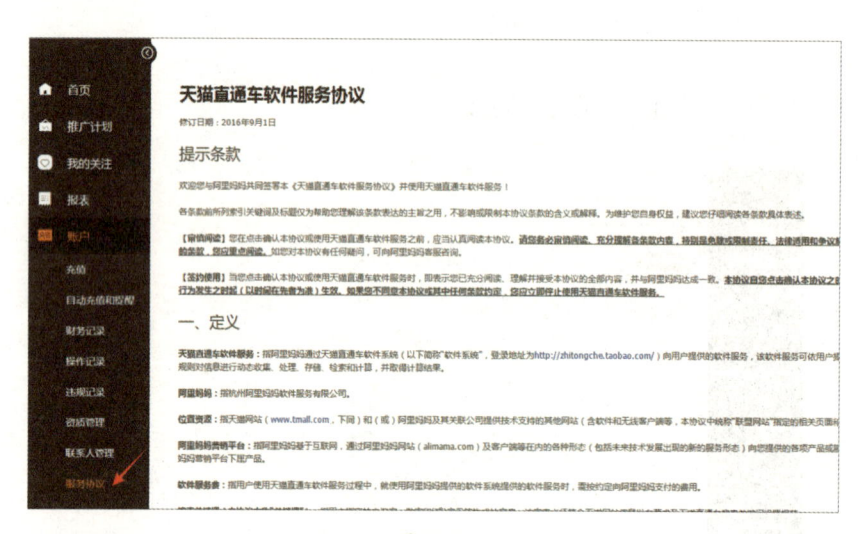

图 3-32

作为直通车基本服务规则，服务协议是直通车和使用者签订的协议，所有使用者必须遵守和执行。

3.1.7 直通车优化工具

直通车优化工具的主要作用是为了给直通车推广优化提供数据支撑，包括数据分析工具（账户诊断、竞争分析）；操作工具（抢位助手）；数据查询工具（流量解析、行业分析）。

（1）账户诊断：主要是针对预算、出价、关键词、创意、人群标签等进行初步诊断并给出优化建议，如图 3-33 所示。

图 3-33

（2）抢位助手：抢位助手是一款自动调整关键词出价、抢占并稳定宝贝排名的工具。

（3）竞争分析：这是一个很好的分析工具，主要用途在于十余项竞店的推广数据披露。竞店分为同级别和高级别两个类别。可同时对比竞店的直通车推广金额、展示量、点击率、平均点击花费、点击转化率、收藏/加购量、成交量等 10 余个维度数据。

- 可自定义竞店选择维度。卖家可根据主营类目、店铺类型、店铺星级、店铺营业额及客单价这 5 个维度来选择竞争对手类别。
- 全面细致的店铺推广预警和推广指导建议。比如：跟竞店的推广数据对比解读。
- 及时并有针对性的竞店优秀推广设置指导。包括：竞店流量大、效果好的关键词推荐；购买相同关键词、跟竞店的数据表现差距；竞店设置的效果好的溢价人群推荐。
- 叶子类目下，不同价位的宝贝热销宝贝榜和快速飙升宝贝榜，帮你快速把握行业动态。

（4）生意参谋：单击"生意参谋"后直接跳转到 https://sycm.taobao.com，生意参谋是现在淘宝最主要的数据分析工具，对于全店及全网数据分析起到第一参考作用。通过生意参谋分析直通车流量对全店贡献的占比。根据流量走势决定直通车推广力度。

（5）流量解析：当你单击导航选择流量解析（新）后，首先会看到一个关键词搜索框，在关键词搜索框中输入关键词，单击查询将进入对应关键词的解析页面，可以看到关键词的市场数据分析、推广词表下载、数据透视，以及线上推广排名。还可以单击添加对比关键词按钮，同时查看最多三个关键词的数据分析结果，系统会推荐与你的店铺主营类目相关的 Top 热词作为参考。

后台还提供直通车第三方软件，如图 3-34 所示。

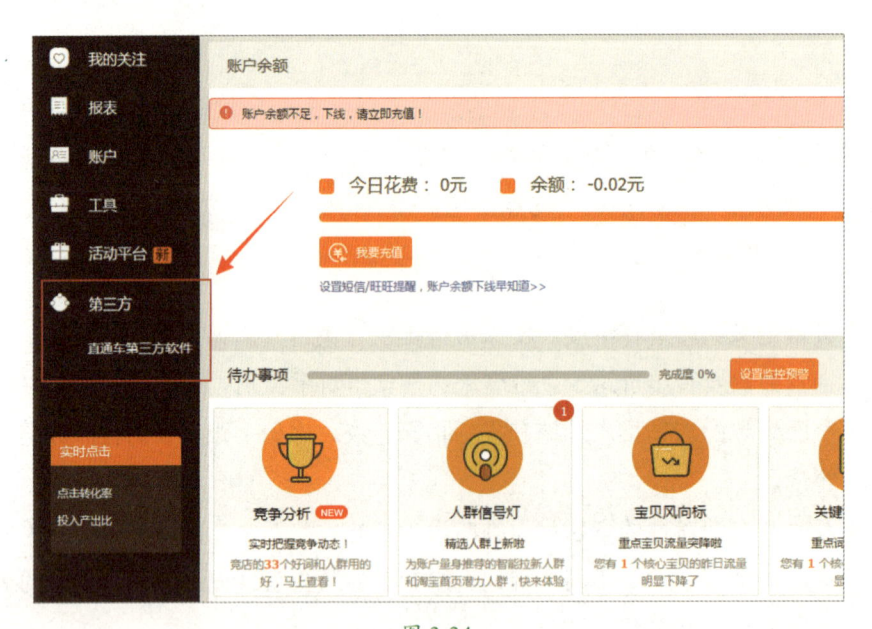

图 3-34

- 第三方主要指向淘宝官方进行了服务报备，并为淘宝卖家提供服务的公司。
- 第三方直通车服务主要分为直通车代驾（第三方服务）和直通车软件两种服务。
- 所有第三方服务都受淘宝监管，服务合作需要谨慎选择。

3.2 直通车计划设置

3.2.1 设置日限额

进入日限额设置页面,目前有两种方法可以进入该页面。

方法1:选择"首页"→"推广计划"→"我的推广计划",将鼠标移到某个推广计划的日限额金额处,可单击修改。

方法2:选择"推广计划"-"标准推广",选择任意一个推广计划,单击进入详情,单击上方的"设置日限额"按钮,如图3-35所示。

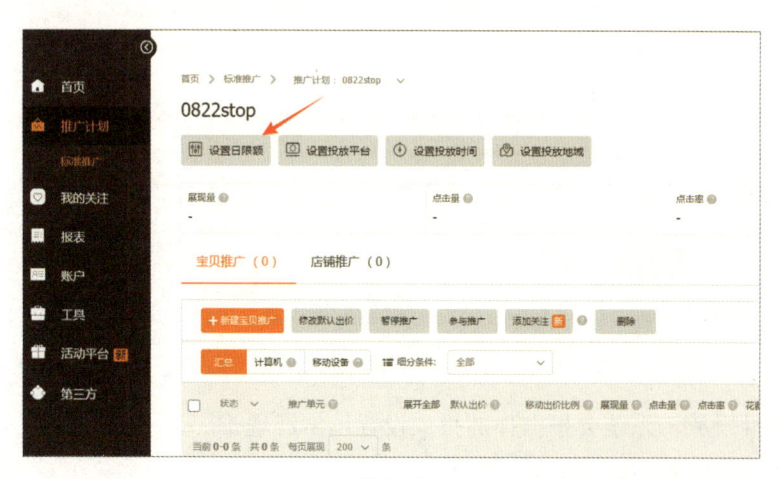

图 3-35

然后填写日限额。

通过按钮选择"不设置日限额"或者"设置日限额",在选择"设置日限额"后,可以为推广计划设置每日扣费的最高金额,系统默认的最低扣费金额的设置是30元。

接着选择投放方式，选择"设置日限额"后可以勾选"标准投放"或者"智能化均匀投放"，如图 3-36 所示。

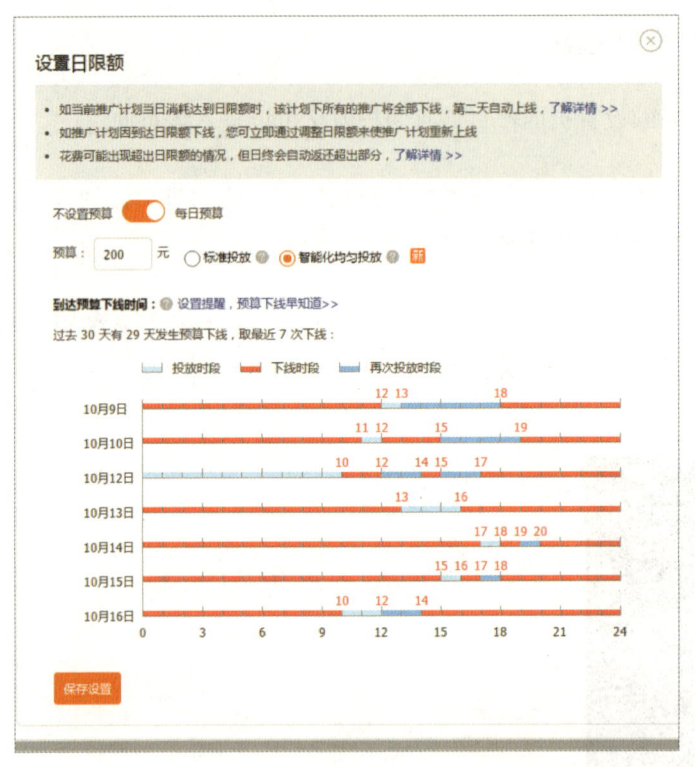

图 3-36

- 标准投放：系统会根据你的投放设置正常展现推广，但你可能会因为过早到达日限额而提前下线。
- 智能化均匀投放：根据网站的流量变化和你的日限额，系统会在设置的投放时间内均匀展现你的推广，尽可能地避免因为过早到达日限额而错过晚些时候的流量。

最后单击"保存设置"按钮完成设置。

当然并不是你的账户投放了"智能化均匀投放"就一定能完全平均投放，

"智能化均匀投放"是在设定的时间范围内，进行了智能化时间和流量管理，这中间会存在一个时间差，因为系统会在你当日投放一段时间后来分析你的账户，然后给予对应的流量管理（而不是开始投放时系统马上就可以让账户均匀投放）。另外，如果你当天勾选或取消勾选了"智能化均匀投放"，它将从第二天零点开始生效。

日限额下线：直通车日限额消耗完成后会自动下线停止消耗；直通车日限额监控的红色部分是直通车下线时间；系统会根据日平均时段消耗给出日限额指导金额；频繁操作直通车下线会影响关键词的质量得分。

常见问题：为什么当前费用可能超过限额？因为直通车系统是按照时间段统计的，所以扣费是一段时间内的花费，如果出现暂时超过限额的情况，在你不继续调整限额的前提下，最终扣费会以最后调整的日限额为依据，在当天的24点，系统进行返还。

示例：假设你设置的日最高限额为50元，在13:50系统扫描的时候，只花费了49.50元，还没有达到50元，此时不会自动下线，当13:55系统再来扫描的时候，你已经花费了51.50元，那么推广的宝贝就会自动下线。此时消费限额超过了1.5元，如果你不再修改日消费限额，这超过的1.5元会在凌晨零点左右，系统结算后返还到你的直通车账户中。

3.2.2 设置投放平台

第一步：访问并登录你的淘宝/天猫直通车自助系统。

第二步：通过首页或推广详细分类页面，选择相应的推广计划，单击进入。只有标准推广计划有平台投放功能。

第三步：进入"设置投放平台"页面，即选择"推广计划"→"设置投放平台"进行修改，如图3-37所示。

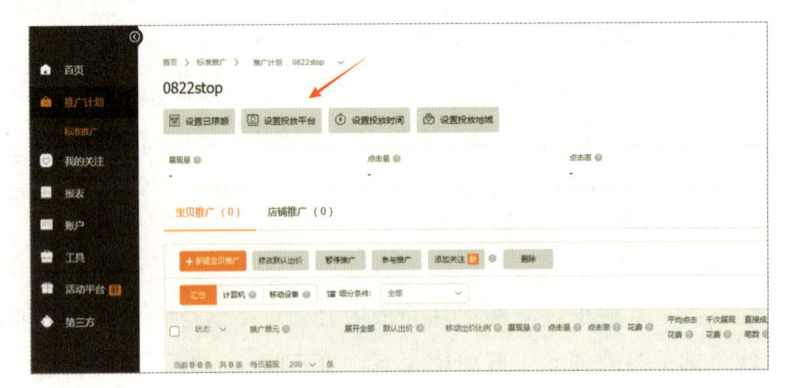

图 3-37

"设置投放平台"页面设置包括：PC 端淘宝站内、无线端淘宝站内、PC 端淘宝站外和无线端淘宝站外等的设置，如图 3-38 所示。

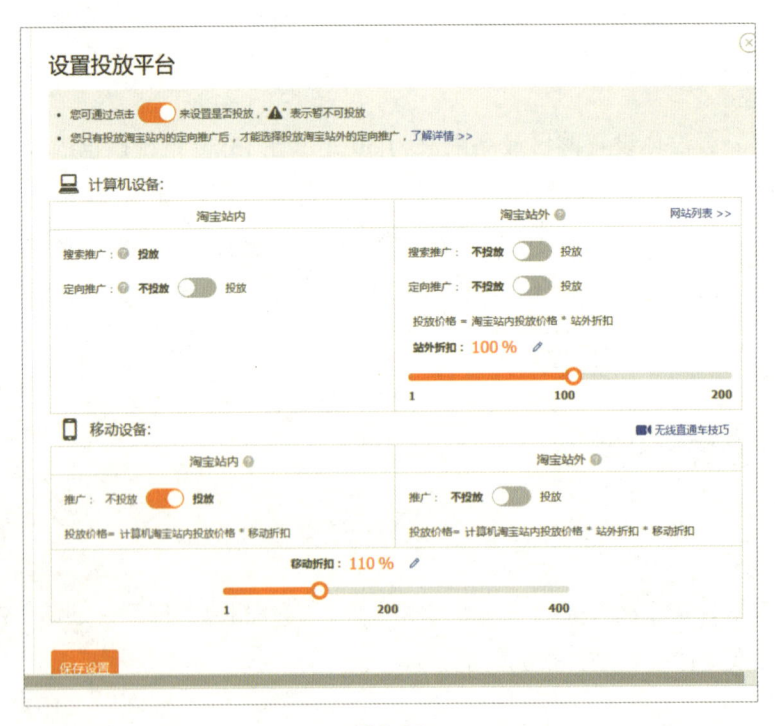

图 3-38

开启定向 / 站外投放：第一步，选择要推广的平台，淘宝站内的搜索推广是必选的平台，可以通过单击滑块来设置是否投放，"！"图表表示暂不投放。第二步，在设置投放价格处，拖动鼠标调整站外投放的出价百分比。第三步，单击"保存设置"按钮完成设置。

温馨提醒：如果想要开启定向推广的淘宝站外投放，需要先设置淘宝站内的定向推广，否则无法单独设置定向推广的站外投放。

3.2.3 设置投放时间

设置投放时间主要指的是在想投放的时间内进行投放，也可以根据不同时间段带来的效果（转化情况），设置各个时间段的出价百分比，也就是分时折扣，如图 3-39 所示。

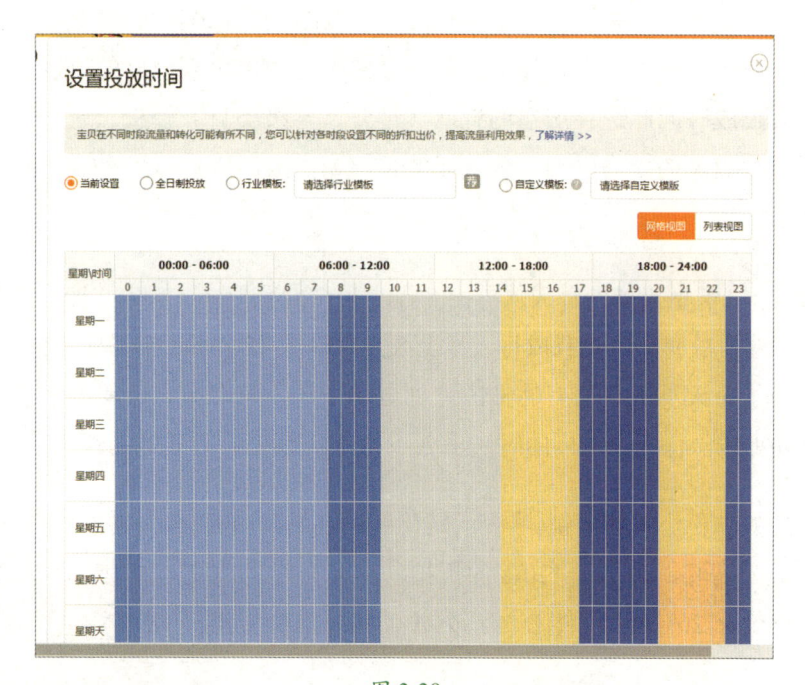

图 3-39

从直通车后台进入推广计划，如图 3-40 所示。

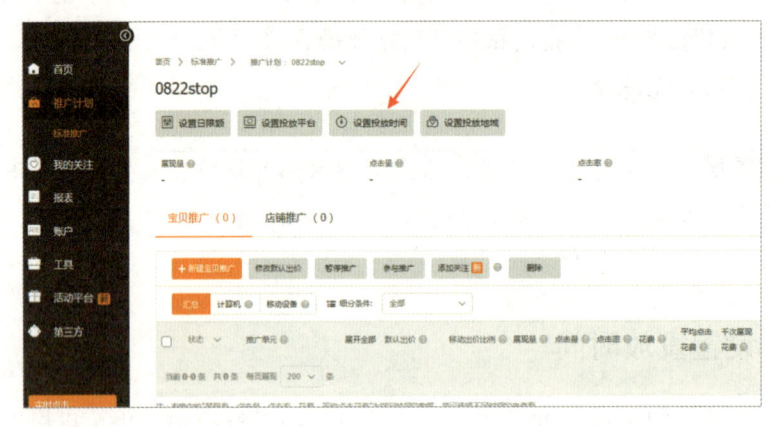

图 3-40

然后单击上方的"设置投放时间"按钮进行设置。

这里可以利用行业模板设置投放时间，系统根据每个行业的特点和流量分布特征，分析制定出了适合各个行业的投放时间和出价百分比的模板，卖家可以在设置投放时间时选择所在的行业（主要是一级类目）模板。这样做，一方面能够节省卖家的操作时间，更重要的是，为卖家科学地设置投放时间提供了很好的依据。

示例 1：掌柜小 A，每天从早上 8 点上班营业到晚上 12 点，小 A 把直通车推广计划的投放时间也设置成每天早上 8 点到晚上 12 点投放，其余时间不投放。这样保证了每天下班后所有的推广计划自动下线，第二天上班的时候推广计划又再自动上线，保证在推广的时候小 A 一直在店铺中，方便他的管理。

示例 2：掌柜小 A 的店铺，半夜的转化率比较低，他选择 80% 左右的分时折扣。晚上是成交高峰，设定了 120% 的折扣。那么在晚上成交高峰时，小 A 的实际出价 = 出价 ×120%，到了半夜时，小 A 的实际出价 = 出价 ×80%。

1. 设置自定义模板

除使用系统推荐的行业模板以外，卖家还可以将自己常用的投放时间与出价百分比保存成自定义模板，方便以后套用。

第一步：将常用的时间投放设置成模板，设置你常用的投放时间和对应的出价百分比，单击"保存模板"按钮。

第二步：填写自定义模板名称，在弹出的窗口中填写自定义模板名称，单击"确定"按钮（目前一个推广计划最多可保存 5 个自定义模板）。

第三步：选用自定义模板，在设置投放时间时，你可以选择自定义模板，在下拉列表中选择已创建的自定义模板。

自定义设置投放时间的步骤如下。

第一步：拖曳鼠标选中所要投放的时间段，在跳出的工具栏中设置所要做的动作——自定义、无折扣、不投放。

第二步：单击"完成设置"按钮。

2. 工具标签

A．自定义：选择这个标签，你将对选中的时间段设置出价"折扣"：在这些时间段内，该推广计划下的推广出价为"原先设置的价格´折扣"后的排名推广。折扣范围为 30%~250%，排名价格（折扣后出价）最低为 0.05 元。

B．无折扣：即无折扣投放，选择这个标签，就代表你选中的这个时间段内，推广出价将按照原来设置的价格排名推广。

C．不投放：选择这个标签，在选中的时间段内将不进行投放，在这些时间段内，该推广计划下的宝贝处于下线的状态，不在直通车展示位上展现。

3.2.4 设置投放地域

第一步：进入推广计划，通过首页或推广详细分类页面，在"我的推广计划"中选择相应的推广计划，单击进入。只有标准推广计划有地域投放功能。

第二步：进入地域投放设置页面，选择某个推广计划，单击"编辑"按钮后进入编辑页面，选择上方的"设置投放地域"按钮进行修改，如图3-41所示。

图 3-41

第三步：选择需要投放的省市后单击"完成"按钮。这里说明一下，进入地域投放的设置页面，鼠标单击下三角图标，可以展开该省区下的所有市级城市；勾选你希望投放的省市地区，单击"完成设置"按钮。

2. 合理设置地域投放

- 从物流因素分析：假如你的商品不利于长途运输，并且长距离运输的成本会超过你的利润，那么你可以根据运营成本，选择合适的投放地域。
- 从季节气候因素分析：例如你想推广一款羽绒服，因为南北各地进入冬季的时间有所差别，你可以结合时间因素逐步扩大推广地域，如图3-42所示。

图 3-42

- 从促销活动因素分析：如果你的促销活动仅针对部分区域，那么可以设置活动地域推广计划及非活动地域推广计划，勾选对应地域，设置不同推广出价。
- 从代理区域因素分析：如果你对推广的商品仅拥有部分区域的代理权，可以选择仅在代理区域内推广。另外，如果你的商品不支持海外的投放，可以选择不投放。

3.3 直通车商品推广

3.3.1 市场分析

1. 大盘分析

第一步：打开"店铺后台"→"生意参谋"→"市场行情"。

第二步：通过行业大盘观察行业指标变化走势。

第三步：通过行业报表查询同类目平均数据指标。

第四步：根据自己店铺数据和行业数据对比确定店铺优劣势。

2. 子类目分析

第一步：打开"生意参谋"→"市场行情"→"行业大盘"。

第二步：选择时间→选择分析子类目→选择终端。

第三步：分析子类间数据对比，找出最有优势竞争力小的类目进行推广。

3.3.2 分析宝贝

1. 数据抓取

第一步：打开"生意参谋"→"经营分析"→"商品概况"。

第二步：选择访客排行榜 TOP15→选择时间→选择终端。

第三步：单击"下载"按钮把数据下载到电脑中用于分析。

2．数据分析：

第一步：用 Excel 打开直通车下载报表。

第二步：按访客进行降序排列。

第三步：按照访客数、下单转化率、成交金额等指标找到店铺中最优质的产品用于推广。

3.3.3 设置推广计划

1．建立计划

第一步：进入直通车后台单击"推广计划"按钮。

第二步：在计划列表中单击"新建推广计划"按钮，如图 3-43 所示。

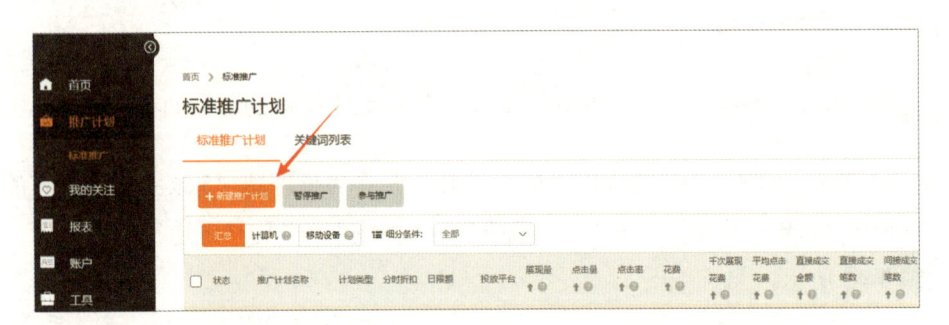

图 3-43

第三步：设置推广计划名称后，单击"提交"按钮完成新计划建立。

2. 添加推广宝贝

第一步：进入推广计划，单击"新建推广宝贝"按钮，如图 3-44 所示。

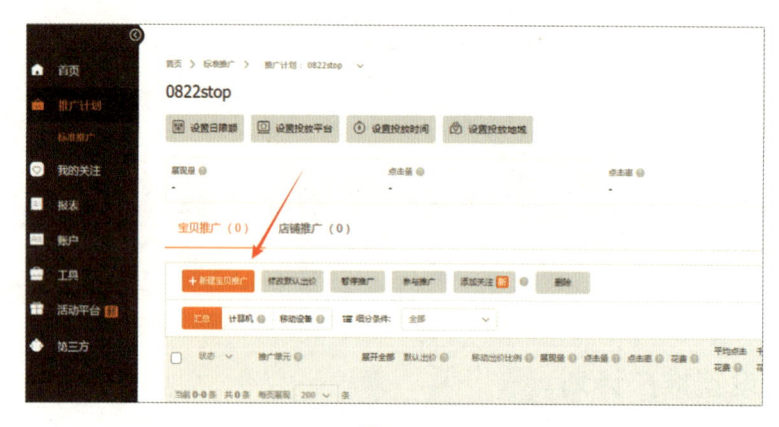

图 3-44

第二步：在宝贝列表中找到推广宝贝（或在搜索栏中搜索推广宝贝）。

第三步：在找到推广宝贝后单击"推广"按钮。

3.3.4 添加创意

第一步：完成选择宝贝，单击"推广"按钮进入添加创意页面。

第二步：在现有 5 张主图的基础上选择一张作为推广图（5 张主图中没有的可以通过"出售中的宝贝"→"宝贝编辑"→"更改主图"这样的途径修改主图），如图 3-45 所示。

第三步：主图要求有创意能够吸引买家眼球，所以需认真对待。

第四步：直通车属于广告，必须符合广告法，不允许使用色情、暴力、形象侵权的图片。

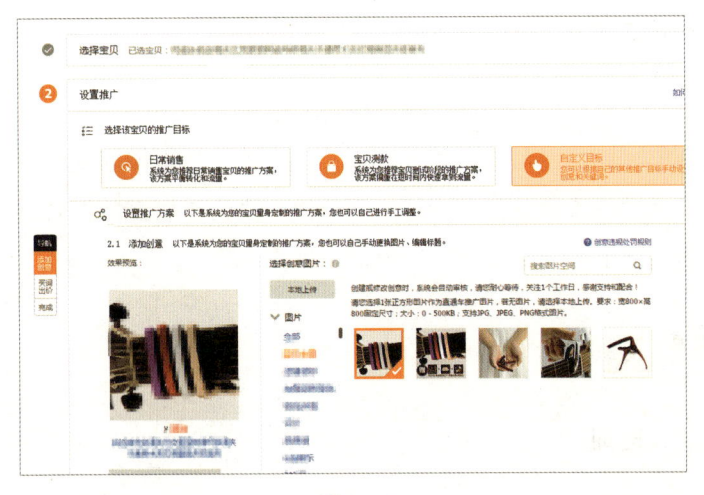

图 3-45

1．添加推广标题

- 如图 3-46 所示，推广标题只能填写 40 个字符（20 个汉字），请在"标题"文本框中填写。
- 宝贝标题可以添加宝贝搜索词、卖点词、属性词等，从而让买家通过标题理解产品。
- 宝贝标题也可以添加创业、卖点、促销话术等吸引买家点击。
- 直通车属于广告类，必须符合广告法，不能使用绝对化用语、虚假宣传等话语。

图 3-46

2．添加第二创意

- 每个推广宝贝可以添加4个推广创意。
- 进入推广宝贝页面，单击"创意"按钮，单击"添加创意"按钮。
- 创意可以设置流量分配，优选是指系统提高点击率高的图片展现概率；轮播是指系统平均分配每一个素材的展现概率。

3.3.5 设置关键词

1．添加关键词

（1）添加创意完成后单击"更多关键词"按钮，可设置关键词和出价，如图3-47所示。

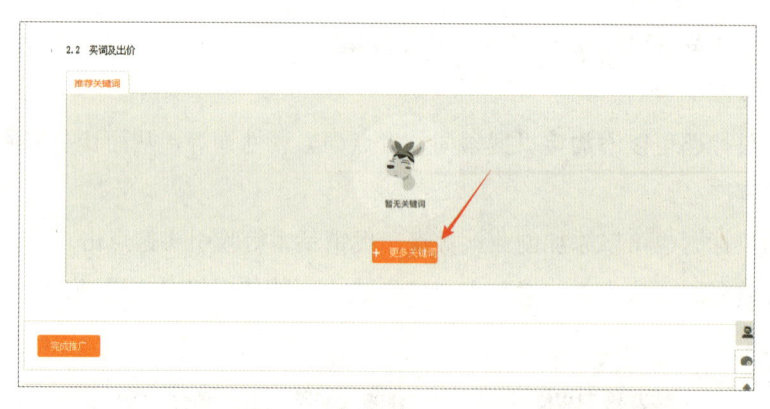

图3-47

（2）把选择好的关键词复制粘贴在左侧栏（一个宝贝只能添加200个关键词）。

（3）设置关键词默认出价（默认出价一般是地域行业最低出价）。

（4）为关键词添加匹配方式，普遍选择广泛匹配方式。

（5）关键词添加也可启动关键词智能匹配和宝贝定向。智能匹配是指根据推广宝贝的特点，系统将智能地选择你未添加且适合该宝贝的关键词；宝贝定向是指通过数据分析和多维度人群定向技术，锁定目标客户，将你推广的内容展现在目标客户浏览的网页上，实现精准营销。

2. 标题拆分

- 标题一般都是由宝贝精准关键词组成的，标题内关键词放在直通车中普遍流量较大，相关性较高。
- 标题拆分要符合搜索原则，找到的关键词要有搜索流量（可以通过流量解析查询）。
- 例如可以拆分为：辣椒酱、韩国辣酱、韩式辣酱、辣酱、韩国辣椒酱、蒜蓉酱、韩式拌饭、酱、辣酱韩国、辣椒酱下饭、蒜蓉辣椒酱等。

3. 详情页属性词

- 详情页中的宝贝属性一般都属于产品的核心词语，一般包括：尺码、产地、型号、款式、面料等，这种关键词加入直通车能提高直通车关键词的精准度。
- 属性词举例：修身衬衣、单排扣衬衣、短袖衬衣、纯色衬衣、2017夏款衬衣、粉色衬衣等。

4. 搜索下拉框关键词

- 搜索下拉框关键词一般指的是系统推荐相关词、行业热搜词、相关扩展词，下拉框关键词符合买家搜索习惯，搜索流量较大。
- 搜索下拉框关键词可以结合推荐属性词进行组合使用，这样可以提高关键词的获取量。

5. 直通车后台搜索关键词

- 直通车后台加词工具可以根据宝贝特点推荐，或通过搜索关键词将结果词

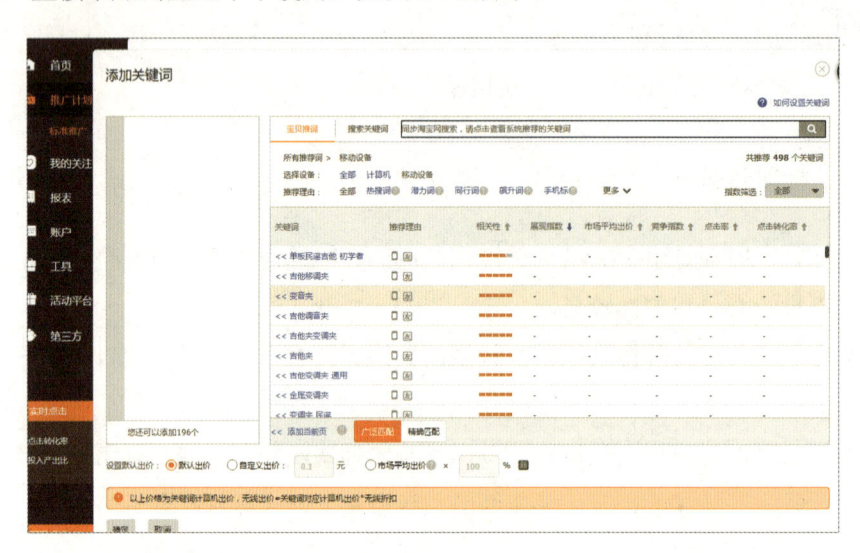

直接添加到直通车中使用，如图 3-48 所示。

图 3-48

- 后台搜索关键词并不是相关性都强，必须要根据相关性、展现量、转化率等条件进行筛选使用。
- 后台关键词有很多推荐理由需要关注，例如：热搜、左侧位、手机标、飙升词等。

6．选词要考虑的设备因素

- 全部设备（适合无线，PC 同时推广的关键词）。
- 计算机设备（PC 端质量得分较高的关键词，搜索比较多的关键词）。
- 移动设备（无线端质量得分较高的关键词，搜索比较多的关键词）。

7．关键词与产品匹配

- 热搜词（展现指数较高的关键词），推荐匹配有基础销量和评价，并且有竞争力的产品。
- 潜力词（展现指数较高且市场平均出价较低或者竞争指数比较少），比较适合添加给所有产品,后期需要培养。
- 同行词(同行同类目店铺使用的关键词,且转化、投产较高的关键词)适合添加。
- 飙升词(同行近期上涨比较快的词)是可以培养的词。
- 手机词(有机会在手机淘宝网或者客户端展现的词语)适合投放无线端的产品,尤其是无线端成交好的产品,非常适合添加。

推荐一些可以查找关键词的工具:生意参谋、TOP20 万词表等,工具可以辅助进行一部分关键词的查找工作,这样可以提高工作效率。可以根据习惯进行使用。

8. 关键词小分类

- 顶级关键词:由 2 个或 3 个字组成(类目关键词),优势是搜索量大,劣势是竞争大。如女包、男装、夹克、连衣裙。
- 二级关键词:由 4 个或 5 个字组成(包含顶级关键词),优势是搜索量比较大,劣势是竞争比较激烈。如短袖 T 恤、碎花连衣裙。
- 长尾关键词:5 个字以上(包含二级关键词),优势是精准度高,竞争度不大,劣势是搜索量少。如成衣阁真丝衬衫、格子无袖衬衫。

9. 质量得分是什么

质量得分是系统估算的一种相对值,质量得分分为计算机设备质量得分和移动设备质量得分。质量得分是搜索推广中衡量关键词、宝贝推广信息和淘宝网用户搜索意向三者之间相关性的综合性指标。以 10 分制的形式来呈现,分值高则可以获得更理想的推广效果。其计算依据涉及了多种因素,如图 3-49 所示。

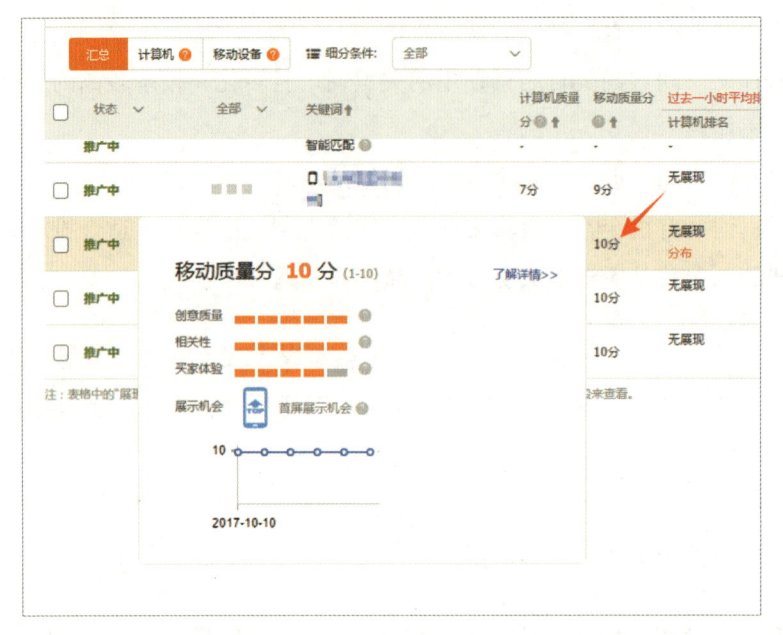

图 3-49

关键词推广质量得分越高，代表你的关键词推广效果越好，你就可以用相对更少的推广费用把更优质的宝贝信息展现在更适当的展示位置上。你可以查看任意关键词的质量得分，还可以通过多种方法来提高质量得分。

10．精选人群

精选人群是通过精准人群标签在关键词基础上获取流量的推广方式。

- 出价＝关键词出价＋关键词出价´溢价比例，人群可多选。
- 入口：直通车后台选择"计划"→"推广宝贝"→"关键词推广"→"精选人群"，如图 3-50 所示。
- 精选人群标签包括：优质人群、节日人群、同类店铺人群、付费推广／活动人群、天气人群、人口属性人群。
- 人群搜索的溢价比例在 0~300%，低于系统建议最低价将无法获取展现量。

图 3-50

3.4 定向推广

3.4.1 定向推广的意义

什么是定向推广：定向推广依靠淘宝网庞大的数据库，构建出买家的兴趣模型，它能从细分类目中抓取那些特征与买家兴趣点匹配的推广宝贝，然后展现在目标客户浏览的网页上，帮助你锁定潜在买家，实现精准营销。

定向推广准入要求：淘宝集市店铺开通定向推广信用级别需要在4心以上（包含4心）。

定向推广的展现原则：定向推广会根据买家浏览购买习惯和对应网页内容，由系统自动匹配出相关度较高的宝贝，并结合出价及宝贝推广带来的买家反馈信息进行展现；出价高的买家反馈信息好，定向推广展现概率大。同时，系统会根据宝贝所在类目下的属性特征及标题去匹配宝贝，宝贝属性填写得越详细，被匹配概率越大。

定向推广的扣费规则：定向推广按点击扣费，根据你为宝贝设置的定向推广出价，单次扣费不会大于你的出价。如果你设置了受众人群，则在选择性别、购买年龄、购买意图时，系统会按综合情况最好的受众进行展示，并按此受众进行扣费，扣费不会大于此受众的出价。

定向推广展示位的体现页面有：手淘猜你喜欢、淘宝活动页面、旺旺每日焦点图、已买到的宝贝、收藏列表底部、购物车底部等。

3.4.2 定向推广的优势

定向推广根据淘宝大数据买家画像进行精准投放，可以更准确地投放给潜在买家。定向推广展示位置较多，在站内、站外、PC、无线等都拥有展示位置，可以更好地提高宝贝曝光量。定向的整体平均扣费地域关键词推广，能够为直通车提供更多低价流量。定向展示位置很多可以为直通车活动更多的流量。

1. 定向推广设置

第一步：进入直通车后台页面，单击"推广计划"，单击"推广宝贝"。

第二步：单击"定向推广"进入定向展示页面，如图 3-51 所示。

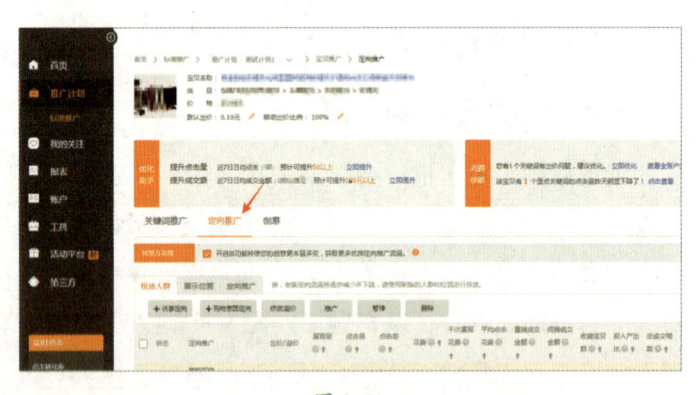

图 3-51

第三步：定向分为投放人群、展示位置等，可自行设置好。

2. 投放人群

投放人群分为智能投放、自选人群（访客定向和购买意图定向），智能投放人群包是系统投放，可以直接出价，如图 3-52 所示。

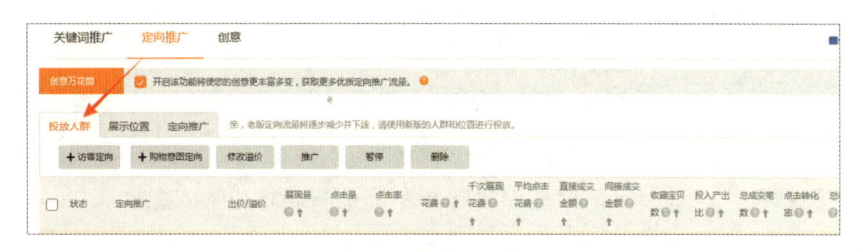

图 3-52

访客定向投放设置路径：选择访客定向人群→单击"访客定向"→人群标签打钩→修改溢价比例后单击"确定"按钮。

购买意图定向投放设置路径：选择购买意图定向→单击"购买意图定向"→单击"添加关键词"或单击"添加兴趣点"→单击"已选兴趣点"→添加溢价，单击"确定"按钮。

3. 展示位置

展示位置主要投放 PC 与无线端 7 个主要的展示位置，展示位置出价是在通投出价的基础上进行溢价。展示位置的设置路径如下。

单击"添加展示位置"按钮，对选择位置进行溢价后，单击"确定"按钮，如图 3-53 所示。溢价范围在 1~300%。

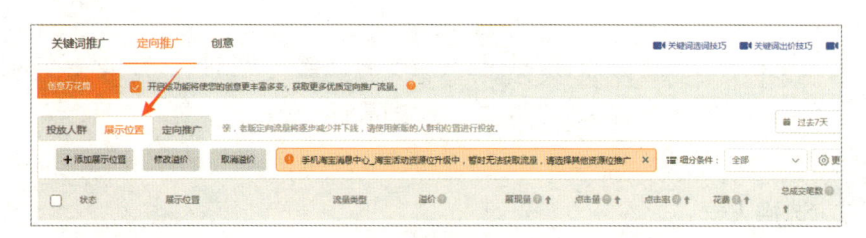

图 3-53

3.4.3 定向推广的优化

定向推广优化可以针对下面两种人群进行。

智能投放人群：系统综合评估访客、购买意图、其他等多种维度，挖掘最适合该宝贝的人群。此人群是具有流量基础的人群包，适合所有店铺投放。优势是较为精准、流量大、出价低，劣势是不能选择具体投放对象。

店铺访客人群：指喜欢店铺的访客，近 3 个月内浏览、收藏、加购、购买过店铺商品的访客。此类人群的优势是基础好的店铺相对容易成交，本身客户群大的流量较多，劣势是点击率低于购买意图定向。

3.4.4 优化技巧

具体有以下 5 种直通车优化技巧。

1. 制定计划

由于搜索对定向的宝贝质量分有一定的影响，因此可以在定向计划的宝贝中开启搜索推广，加入点击率较高的关键词，初期在一定程度上可提高该宝贝的定向权重。

2. 设置宝贝标题

宝贝标题需要与宝贝相符，且包含越多属性词、风格词、材质词等能够精准表明客户偏好的词，则越能获取更多、更精准的流量。

3. 选择人群

引流期：转化效果不是难以接受的都可以保留，尤其是购物意图中 1 个词或 2 个词的组合，如"连衣裙"和"长款连衣裙"。

引流预备期：保留 CTR 高的人群包，如购物意图。

转化期：保留转化高的人群包，如店铺访客。

4. 控制出价

有两个比较重要的公式 ROI=CVR× 客单价 /PPC，出价预估 =(CVR× 笔单价 /ROI)×1.2。

如不了解 CVR，也可以以市场平均出价（购物意图中有，可作参考）作为起步价，通过上坡法调整出价直到在预算范围内，获得需要的流量后再做优化。

5. 调整溢价

高于行业均价起步（或者低于），1% 的溢价幅度，缓缓提高或减低出价，保持一定时间，然后缓缓降低溢价（隐形质量分）。

6. 注意事项

- 前几天可能会没有流量，保持耐心，缓慢加价。
- 高于一周参考价 10%~20% 出价。
- 加价到出价和流量能承受的顶点后，保持 3~4 天。
- 期间务必不要暂停投放。
- 建议先在旺旺焦点图等大流量位置用此法，然后扩展到通投位置。

第4章

常见的营销方法

第 4 章 常见的营销方法

淘宝的营销方法有很多，常见的主要有：搭配套餐、满就送（减）、优惠券、特价宝等。

4.1 搭配套餐

4.1.1 搭配套餐的原理

搭配套餐的原理是通过固定搭配、自由搭配等功能，根据商品特征、买家的消费习惯选择搭配方式，帮助买家快速下单，本质上是提升关联销售的一种工具。固定搭配示例如图 4-1 所示；自由搭配示例如图 4-2 所示。

图 4-1

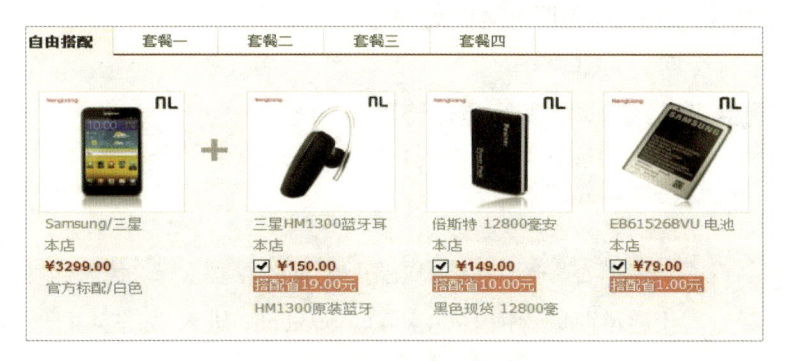

图 4-2

搭配套餐是淘宝官方工具,具体可以到服务市场(fuwu.taobao.com)购买,每月5元,一个季度起订,如图4-3所示。

图 4-3

4.1.2 搭配套餐的作用

搭配套餐通过将几种商品组合设置成套餐来销售,通过促销套餐让买家一次性购买更多商品。主要功能在于提升销售业绩,提高购买转化率,提升销售笔数,增加商品曝光率,节约人力成本。

4.1.3 搭配套餐的实际操作流程

1. 淘宝店搭配套餐的实际操作流程

(1)淘宝店搭配套餐的入口

工具入口:"卖家中心"→"营销中心"→"促销管理"→"优惠活动"→"搭配套餐",或者直接通过商家营销中心(win.taobao.com)进入,如图4-4所示。注意:每家店铺最多可以创建50个搭配套餐。

图 4-4

（2）淘宝店搭配套餐的设置

通过入口进入后台，如图 4-5 所示。

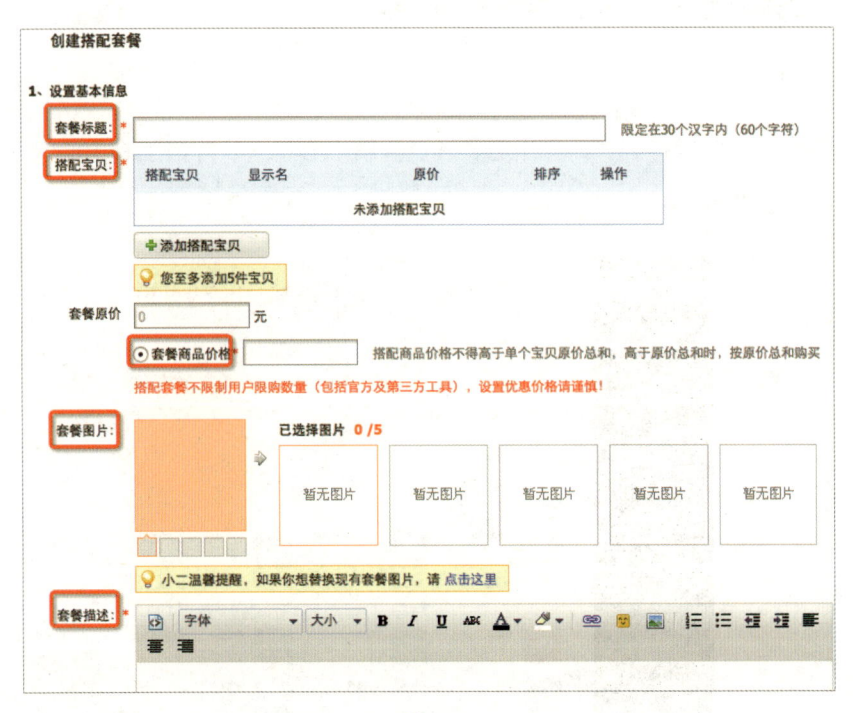

图 4-5

套餐基本信息：

- 套餐标题（不超过 30 字）
- 搭配宝贝（至多添加 5 件）
- 套餐价格（搭配商品价格不得高于单个宝贝原价总和，高于原价总和时，按原价总和购买，不限制用户购买数量）
- 套餐图片（个性化展示详情与图片）

设置物流信息：

- 卖家承担运费
- 买家承担运费

2．天猫店搭配套餐的实际操作的流程

（1）天猫搭配套餐的入口

工具入口：依次打开"商家中心"→"营销中心"→"营销工具中心"→"搭配宝"，如图 4-6 所示。

图 4-6

特别说明如下。

- 天猫自带免费搭配套餐工具：搭配宝。
- 集市店铺不自带，需要付费购买。
- 在店铺的后台服务商有很多的搭配套餐的软件，名称虽然有所不同，但是操作原理基本类似。

（2）搭配宝套餐的创建

一、创建套餐→选择商品，如图 4-7、图 4-8 所示。

图 4-7

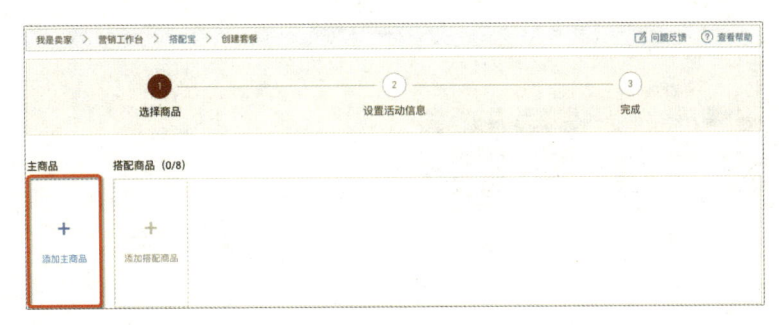

图 4-8

首先添加主商品，选择主商品（不支持搭配及赠品类目下商品）。

然后，系统会基于智能算法，推荐适合的搭配商品；同时，也可根据实际需求，自行选择搭配商品，最多可选择 8 个，如图 4-9 所示。

图 4-9

选择好套餐商品后，点击进入下一步，进行基本信息设置，如图 4-10 所示。

图 4-10

二、创建套餐→设置活动信息，如图 4-11、图 4-12 所示。

图 4-11

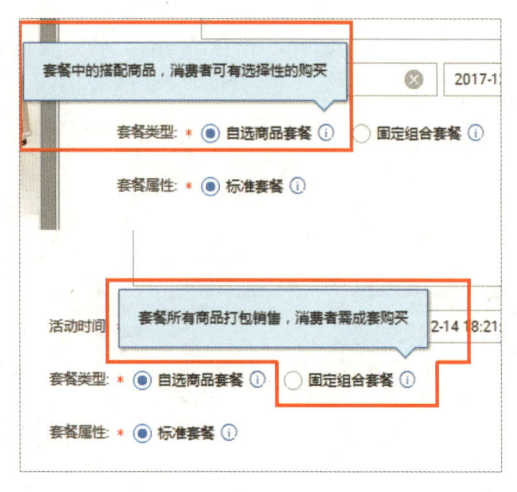

图 4-12

套餐名称限 10 个字内；套餐介绍限 50 个字内；活动时间最长可设置为 180 天。

套餐图：可选择根据主图规范，自定义设计上传；也可选择通过系统智能合图（该功能已开放全网卖家使用），如图 4-13 所示。

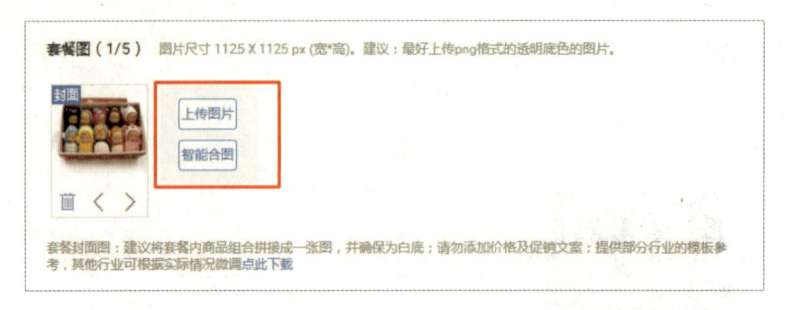

图 4-13

套餐图规范如下：

请确保为白底图，并重点突出主商品，勿在图片上添加价格及促销文案；

部分行业提供模板参考，其他行业，可根据实际情况微调，点击下载模板 >；若不符合图片规范，套餐将不会在主搜上透出。

接下来设置套餐内商品的搭配价、搭配数量（即套餐内该商品可最多购买件数），如图 4-14 所示。

图 4-14

价格设置完毕并保存后，如图 4-15 所示。

图 4-15

当前功能，该套餐仅在无线端展示，设置完毕后可通过"点此查看"和扫二维码分别在无线和 PC 端进行预览。

套餐入口：

1）宝贝详情页：套餐内商品的商品详情页中，搭配套餐模块。

2）套餐详情页：套餐详情页，推荐搭配套餐模块。

2）主搜：主搜商品搜索结果页。

三、套餐管理及套餐商品管理

1）套餐管理：支持根据套餐类型、状态名称、id 进行活动筛选，如图 4-16 所示。

图 4-16

2）套餐商品管理：支持以商品维度的套餐活动查询，进行编辑、撤出套餐等操作，如图 4-17 所示。

图 4-17

可在套餐商品管理列表，选择在该商品详情页下方，固定展示哪 3 个套餐，不受系统排序影响。

若未做设置，按照以下默认逻辑展示：

a．优先展示该商品为主商品套餐；若非主商品，则展示搭配商品关联套餐。

b．若都为主商品，或都为搭配商品，则按照套餐编辑时间展示，最新编辑的在前。

4.2 满就送（减）

4.2.1 满就送（减）的原理、作用及设置路径

1. 原理及作用

满就送（减）是淘宝网官方 4 大付费促销工具之一，可设定买家消费满多少（买家自己选择）元就减现金；送礼品；免邮、送优惠券；换购商品；送音乐礼包；送精品在线课程；送流量；送淘宝电影代金券等，从而达到提升店铺销售业绩，提高店铺购买转化率，提升销售笔数，增加商品曝光力度，增加店铺购物乐趣的目的。

2. 满就送（减）购买路径

具体可以到服务市场（fuwu.taobao.com）购买，每月 8 元，一个季度起订，如图 4-18 所示。

图 4-18

3. 满就送（减）设置路径

选择"商家营销中心"→"优惠活动"→"满就送"，如图 4-19 所示。

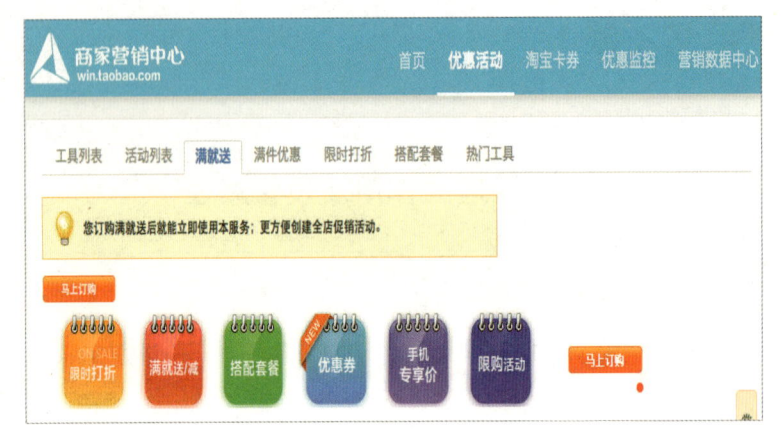

图 4-19

4.2.2 满就送（减）的实际操作流程

1. 设置活动详情

设置活动名称，选择活动时间，如图 4-20 所示。

图 4-20

2. 设置优惠条件

普通优惠设置；多级优惠，阶梯式满送，如图 4-21 所示。

图 4-21

3. 设置优惠内容

包括普通优惠设置；多级优惠：减现金；送礼品；免邮；送优惠券；换购商品；送音乐礼包；送精品在线课程；送流量；送淘宝电影代金券等，如图 4-22 所示。

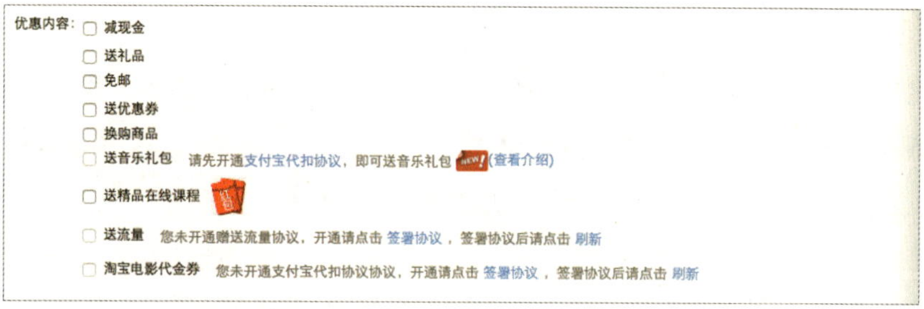

图 4-22

4. 支持多级优惠设置

可继续添加层级，如图 4-23 所示。

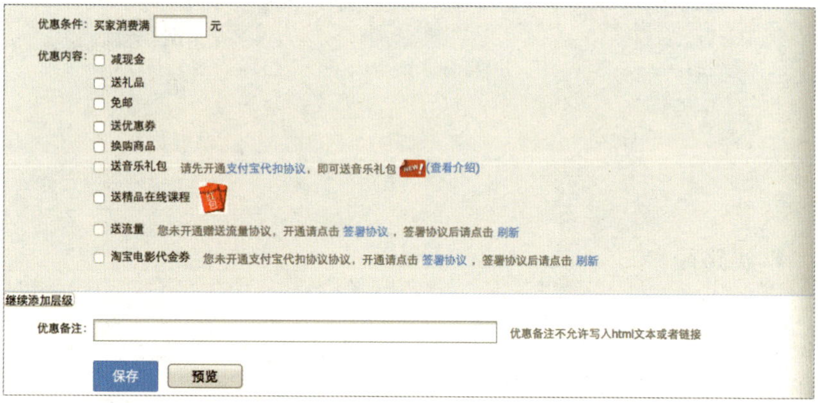

图 4-23

4.3 优惠券

4.3.1 优惠券的原理及作用

1. 优惠券简介

优惠券分为店铺优惠券、商品优惠券、包邮券,由商家自己发放,分全店使用抵扣现金、单个商品使用抵扣现金、全店商品享包邮权益,商家自行设置让利买家,不同渠道发放提高转化率与客单价,如图4-24所示。

图 4-24

2. 购买路径

优惠券是淘宝官方工具,具体可以到服务市场(fuwu.taobao.com)购买,每月6元,一个季度起订,如图4-25所示。

图 4-25 优惠券

注意点如下。

(1) 详情：虚拟电子券，由买家主动领取，也可通过"满就送"等形式来发放；

(2) 全新功能：新增包邮券及手机专享推广渠道，优惠券使用数据统计。

(3) 优惠券界面上新增热销商品展示，大大增加宝贝曝光度。

(4) 淘宝收费，天猫免费。

3. 优惠券的作用

优惠券可以提高转化率与客单价，如图 4-26 所示。通过无门槛促进转化、通过使用门槛提升客单价。

图 4-26

4.3.2 优惠券的实际操作流程

1. 淘宝优惠券的路径

工具入口：卖家中心→营销中心→店铺营销工具→优惠券，如图 4-27 所示。

图 4-27

2. 天猫优惠券的路径

工具入口："营销中心"→"天猫营销工具"→"优惠券"，如图 4-28 所示。

图 4-28

3. 优惠券的直接入口

直接入口:"商家营销中心"(win.taobao.com)→"淘宝卡券",如图 4-29 所示。

图 4-29

4. 店铺优惠的设置

(1)选择优惠券,如图 4-30 所示。

图 4-30

(2)新建优惠券,如图 4-31 所示。

(3)推广信息,如图 4-32 所示。

图 4-31

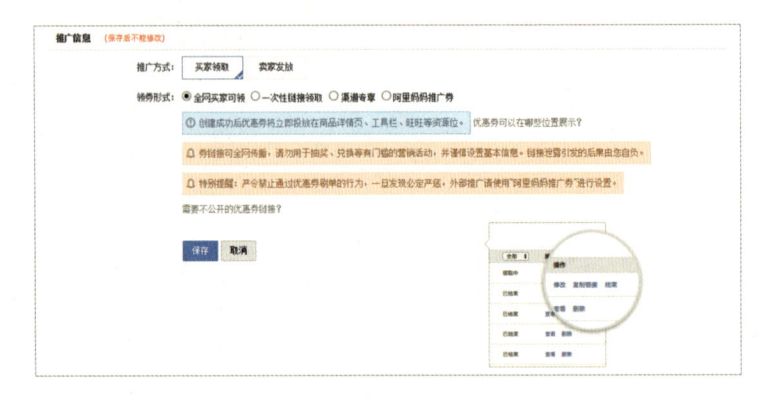

图 4-32

（4）卡券管理，如图 4-33 所示。

图 4-33

4.3.3 优惠券的使用规则

优惠券和其他优惠叠加使用的规则如下。

可同时使用的有：

A．先计算优惠券优惠，再计算淘金币抵扣的金额。

B．先计算是否满足"满就送"的条件，再计算优惠券。

C．优先计算限时打折的优惠，再计算优惠券。

D．先计算搭配套餐的优惠，再计算优惠券。

E．先计算满减优惠，再计算优惠券。

F．先判断有无会员卡，再计算优惠券。

（2）不可同时使用的有：

A．淘宝 VIP 和优惠券都属于店铺级优惠，两者不可叠加使用。

B．包邮券、店铺优惠券、商品优惠券不可同时使用。

C．优惠券和店铺红包不可同时使用。

4.4 特价宝

4.4.1 特价宝的原理与作用

1．特价宝简介

特价宝是单品级优惠工具，支持对商品及 SKU 设置打折、减价、促销价、包邮等优惠，更有手机专享价可帮助卖家与微淘粉丝紧密互动（天猫专属促销工具）。

2. 特价宝的作用

- 支持"促销价"优惠模式：商家可直接输入商品的促销价，使营销价格更可控，免去折扣换算之苦，免去与预算价格差几分之苦，可以更放心、更轻松。
- 同商品的各 SKU 可设置不同优惠力度：无论是打折、减价还是促销价模式，都可以针对商品下的每个 SKU 分别设置不同的折扣力度。比如某颜色的商品销路好，优惠力度可小一些，某颜色的商品滞销，优惠力度可大一些。
- 优惠时长足够用：每个店铺可同时存在 50 个有效的活动，活动时长最长为 1 年，每个活动最多有 5000 个商品，每个商品最多可同时参加 12 个优惠活动。

4.4.2 特价宝的实际操作流程

1. 特价宝的入口

工具入口："营销中心"→"天猫营销工具"→"特价宝"，如图 4-34 所示。

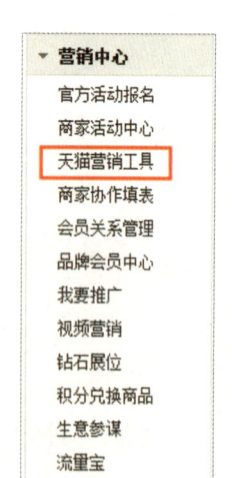

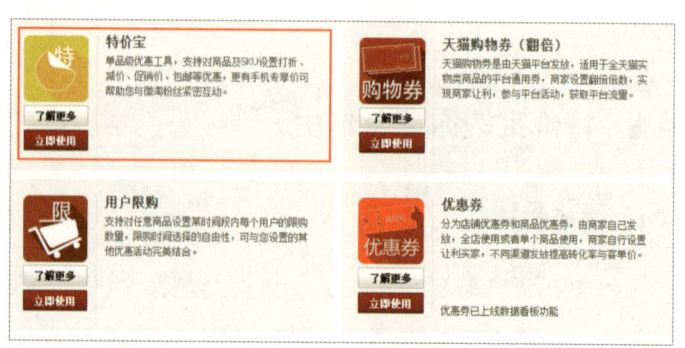

图 4-34

2. 特价宝的应用

（1）选择"活动管理"→"新建活动"，如图 4-35 所示。

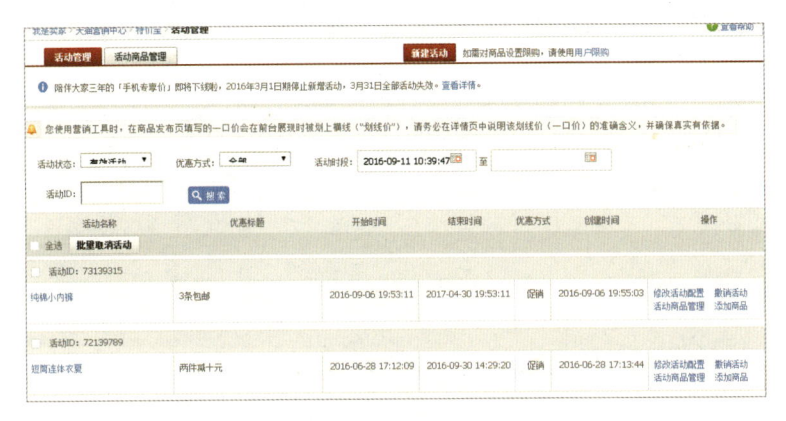

图 4-35

（2）填写活动信息，如图 4-36 所示。

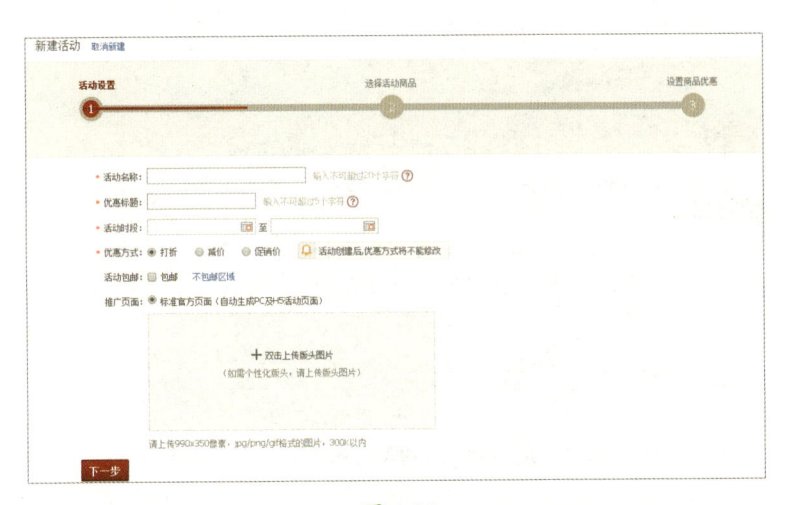

图 4-36

（3）选择商品并参加活动，如图 4-37 所示。

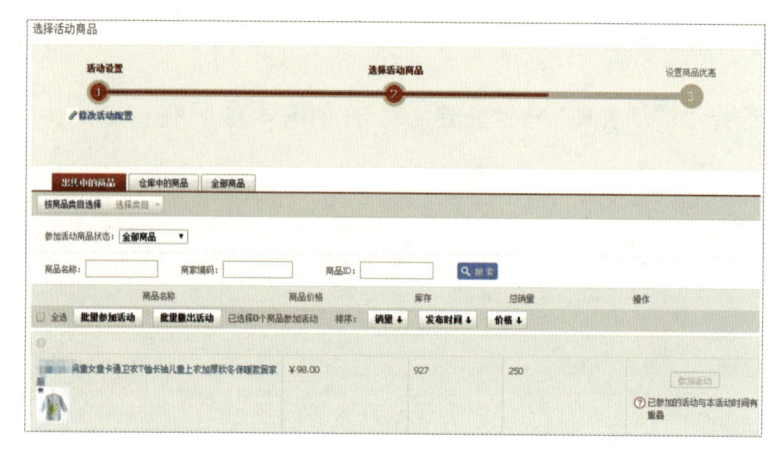

图 4-37

（4）设置每个商品的优惠力度，如图 4-38 所示。

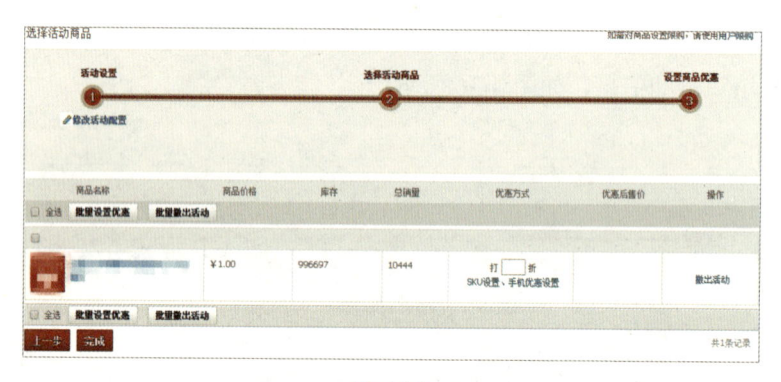

图 4-38

4.4.3　特价宝的常见问题

（1）优惠叠加规则：特价宝会与店铺优惠和优惠券叠加使用。

（2）优惠优先级：

日常情况（非腊八年货节）下，特价宝与其他单品优惠工具同级别，促销价格最低的优先展示。

腊八年货节当天，对于非官方活动商品，仅展示特价宝中设置的优惠。

腊八年货节当天，官方活动商品如果既在商品申报系统中申报了活动价格，又使用了特价宝设置促销，则只显示、执行大促的价格，不会使用特价宝的价格。

（3）活动创建后活动信息能修改吗？

活动创建后，优惠方式就不可修改了。

活动开始前，除优惠方式外，其他信息都可修改。

活动开始后，除优惠方式和优惠开始时间外，其他可修改。

活动结束后，所有信息都不可修改。

（4）活动名称和促销标题有什么区别？

- 活动名称：用于商家自己的后台活动管理，比如"营销组三星中秋活动"。
- 促销标题：展示在商品详情页的促销价格前方的几个字，主要用于宣传本次促销的利益点，比如"国庆特价"。

（5）商品维度的优惠与 SKU 维度的优惠有什么区别？

- 如果商品没有销售属性（颜色、尺码等规格），那么只能设置商品维度的优惠。
- 如果商品有销售属性，那么可设置商品维度的优惠，也可设置 SKU 维度的优惠。
- 商品维度的优惠：该商品的所有 SKU 都将执行同样的优惠（包括新增的 SKU）。

- SKU 维度的优惠：可分别对不同的 SKU 设置不同的优惠（比如白色的打 9 折，黑色的打 8 折），对于设置优惠之后商品新增了 SKU，那么该 SKU 不会继承该优惠。

（6）活动包邮功能如何使用？

- 活动包邮功能将使该活动的商品在活动期间自动包邮（在设定的包邮区域内）。
- 商家可在设置活动包邮功能时设置"不包邮"区域，在不包邮区域商品的邮费会正常结算。
- 活动包邮功能不会影响家装配送安装服务的运费，搭配套餐中设置的套餐运费。

（7）同一个商品能参加多个活动吗？

同一个商品最多可参加 12 个活动，但是各个活动时间不能有交集。

（8）特价宝的价格是否受店铺最低折扣限制？

- 特价宝的价格受店铺最低折扣的限制。
- 在设置时商品折扣（或根据减价、促销价换算得到的折扣值）不能低于店铺最低折扣。
- 如果修改了店铺最低折扣，那么低于店铺最低折扣的价格不会输出。

（9）通过特价宝成交的订单在成交记录显示什么价格？

在成交记录中显示单品优惠后的价格。

（10）特价宝订单退款时如何计算？

与当前的退款规则保持一致，最大退款金额为该笔子订单的实付款金额。

（11）哪些商品不能使用特价宝

部分特殊类目的商品不能使用特价宝，包括虚拟类目、航旅、酒店、门票、医药馆医药类目商品等。

（12）如果对同一个商品同时使用了特价宝、限时折扣和其他第三方单品优惠工具会怎样？

"双12"当天：仅展示特价宝中配置的优惠价格。

"双12"之外的时间：按照"同优先级价格最低"原则，优先展示价格最低的。

（13）特价宝是不是一个日常工具？

天猫商家在日常和官方营销活动期间，均可以免费使用特价宝工具。

（14）活动设置好之后如何新增活动商品？

在"活动管理"中单击要新增商品的活动名称，在所打开页面的右上角，单击"添加商品"按钮即可将新商品添加到活动中。

第 5 章

常用活动

5.1 参加活动的基础条件

作为集市卖家或天猫卖家,在淘宝和天猫平台参加营销活动时,必须优先满足两大平台的营销活动规则,所以我们需要先了解清楚相关的规则,从而保证活动的正常执行。

5.1.1 淘宝网营销活动规则

自活动报名之时起至活动上线,淘宝网卖家必须同时符合或高于以下标准,方可参加淘宝发布的营销活动。

(1) 近半年店铺非虚拟交易的 DSR 评分三项指标分别不得低于 4.6(开店不足半年的自开店之日起算)。

(2) 出现《淘宝规则》中规定的如下违规情形,将限制参加营销活动。

- 一般违规行为(虚假交易除外)自扣分满 12 分或 12 分的倍数之日起限制参加营销活动 90 天。
- 严重违规行为(出售假冒商品除外)自扣分满 12 分或 12 分倍数之日起限制参加营销活动 365 天。
- 因虚假交易被违规扣分但未达 48 分(含 0 分)的卖家及商品,自处罚生效之日起限制参加营销活动 90 天;因虚假交易被违规扣分达 48 分及以上的卖家及商品,自处罚生效之日起限制参加营销活动 730 天。
- 因出售假冒商品被违规扣分达 12 分及以上 24 分以下的,自处罚生效之日起限制参加营销活动 365 天;因出售假冒商品被违规扣分达 24 分及以上的,自处罚生效之日起限制参加营销活动 730 天。
- 卖家利用非正当手段扰乱市场秩序,包含但不仅限于虚构交易、虚构购物车数量、虚构收藏数量等行为,限制参加营销活动 90 天。
- 因各种违规行为而被搜索全店屏蔽的卖家,在屏蔽期间内限制参加营销活动。

(3) 近 30 天纠纷退款率超过店铺所在主营类目的纠纷退款率均值的 5 倍,且纠纷退款笔数 ≥ 3 笔的(主营类目的纠纷退款率均值,以卖家中心页面显示为准),限制参加营销活动。

(4) 卖家不得存在《淘宝规则》中限制参加营销活动的其他情形。

(5) 上述标准中,特殊类目及淘宝网特定官方营销活动另有规定的遵从其规定。

关于淘宝规则全文,请扫描二维码获取,如图 5-1 所示。

图 5-1

补充说明如下。

(1) 一般违规行为:是指《淘宝规则》中规定的一般违规行为,包括虚假交易、滥发信息、描述不符、违背承诺、竞拍不买、恶意骚扰、不当注册、未依法公开或更新营业执照信息、不当使用他人权利、恶意评价(淘宝网)。

(2) 严重违规行为:是指《淘宝规则》中规定的严重违规行为,包括发布违禁信息、盗用他人账户、泄露他人信息、骗取他人财物、扰乱市场秩序、不正当谋利、出售假冒商品、假冒材质成分（天猫）、出售未经报关进口商品（天猫）、发布非约定商品（天猫）。

（3）纠纷退款笔数：是指由买家或卖家发起，淘宝小二人工介入处理，判定为卖家责任的退款笔数（一笔成交可能会产生多笔退款，每笔退款最多产生一笔责任纠纷。退款包括售中和售后）。

（4）纠纷退款率＝纠纷退款笔数/支付宝成交订单笔数。

5.1.2　天猫营销活动报名基准规则

（1）如商家违反《天猫规则》（天猫规则全文，请扫描如图 5-2 所示的二维码查看详情），且在处罚期内或未通过考试，限制活动报名。

图 5-2

处罚扣分及限制营销活动天数，如下表所示：

违规类型	违规分值	限制营销活动天数
A 类一般违规	每累计达到 12 分	7 天
	一次达到 48 分	90 天
B 类严重违规	累计达到 12 分	30 天
	累计达到 24 分	60 天
	累计达到 36 分	90 天
	累计达到 48 分	永久

(2)以下两点视同违反天猫举办的"大型官方活动"要求,按照违反"违背承诺"规定,予以扣一般违规 6 分的处罚。具体细则可扫描如图 5-2 所示的二维码。

- 凡通过天猫举办的"大型官方活动"商家报名的商家,在商品提报阶段或活动期间(含预热和正式活动)退出的。
- 商家违反"大型官方活动"价格约定,活动结束后 15 个自然日内商品售价低于活动期间活动价的。销售个别商品的商家除外(比如 3C 数码、珠宝贵金属(金、银、铂金)制品、应季清仓等)。

(3)商家 DSR 评分及售后服务综合指标,需达到该店铺所属主营一级类目的要求,如下表所示:

一级类目名称	DSR 前三项均值大于等于	售后服务综合指标排名小于等于
运动服/休闲服装	4.72	90%
运动鞋 new	4.70	90%
运动包/户外包/配件	4.80	90%
女鞋	4.74	90%
女装/女士精品	4.74	90%
女士内衣/男士内衣/家居服	4.73	90%
运动/瑜伽/健身/球迷用品	4.76	90%
户外/登山/野营/旅行用品	4.76	90%
服饰配件/皮带/帽子/围巾	4.73	90%
箱包皮具/热销女包/男包	4.76	90%
男装	4.69	90%
流行男鞋	4.71	90%
自行车/骑行装备/零配件	4.76	90%
全屋定制	4.71	90%
家装主材	4.77	90%
住宅家具	4.73	90%
商业/办公家具	4.77	90%
电子/电工	4.80	90%
基础建材	4.79	90%
装修设计/施工/监理	4.85	90%
五金/工具	4.77	90%

续表

一级类目名称	DSR 前三项均值大于等于	售后服务综合指标排名小于等于
新车 / 二手车	4.77	90%
摩托车 / 装备 / 配件	4.69	90%
汽车 / 用品 / 配件 / 改装	4.77	90%
零食 / 坚果 / 特产	4.73	90%
茶	4.79	90%
酒类	4.77	90%
洗护清洁剂 / 卫生巾 / 纸 / 香薰	4.76	90%
粮油米面 / 南北干货 / 调味品	4.76	90%
咖啡 / 麦片 / 冲饮	4.77	90%
美发护发 / 假发	4.73	90%
智能设备	4.72	90%
电子元器件市场	4.79	90%
DIY 电脑	4.72	90%
品牌台机 / 品牌一体机 / 服务器	4.79	90%
笔记本电脑	4.74	90%
手机	4.68	90%
数码相机 / 单反相机 / 摄像机	4.80	90%
办公设备 / 耗材 / 相关服务	4.81	90%
电玩 / 配件 / 游戏 / 攻略	4.74	90%
大家电	4.76	90%
MP3/MP4/iPod/ 录音笔	4.74	90%
网络设备 / 网络相关	4.76	90%
电子词典 / 电纸书 / 文化用品	4.78	90%
生活电器	4.78	90%
平板电脑 /MID	4.69	90%
个人护理 / 保健 / 按摩器材	4.75	90%
闪存卡 /U 盘 / 存储 / 移动硬盘	4.75	90%
厨房电器	4.77	90%
电脑硬件 / 显示器 / 电脑周边	4.73	90%
影音电器	4.74	90%
3C 数码配件	4.69	90%
网店 / 网络服务 / 软件	4.84	90%
珠宝 / 钻石 / 翡翠 / 黄金	4.81	90%
个性定制 / 设计服务 /DIY	4.73	90%
童鞋 / 婴儿鞋 / 亲子鞋	4.77	90%

续表

一级类目名称	DSR 前三项均值大于等于	售后服务综合指标排名小于等于
收纳整理	4.76	90%
厨房/烹饪用具	4.78	90%
居家日用	4.74	90%
饰品/流行首饰/时尚饰品新	4.77	90%
乐器/吉他/钢琴/配件	4.80	90%
玩具/童车/益智/积木/模型	4.73	90%
节庆用品/礼品	4.73	90%
ZIPPO/瑞士军刀/眼镜	4.76	90%
宠物/宠物食品及用品	4.78	90%
奶粉/辅食/营养品/零食	4.78	90%
居家布艺	4.76	90%
尿片/洗护/喂哺/推车床	4.77	90%
餐饮具	4.76	90%
书籍/杂志/报纸	4.77	90%
家庭/个人清洁工具	4.76	90%
鲜花速递/花卉仿真/绿植园艺	4.68	90%
床上用品	4.72	90%
童装/婴儿装/亲子装	4.75	90%
家居饰品	4.77	90%
孕妇装/孕产妇用品/营养	4.74	90%
音乐/影视/明星/音像	4.77	90%
手表	4.76	90%
模玩/动漫/周边/cos/桌游	4.71	90%
特色手工艺	4.75	90%
美容护肤/美体/精油	4.75	90%
彩妆/香水/美妆工具	4.71	90%
水产肉类/新鲜蔬果/熟食	4.70	90%
成人用品/情趣用品	4.71	90%
传统滋补营养品	4.80	90%
OTC药品/医疗器械/计生用品	4.77	90%
保健食品/膳食营养补充食品	4.81	90%
隐形眼镜/护理液	4.73	90%
婚庆/摄影/摄像服务	4.92	90%
电影/演出/体育赛事	4.86	90%
购物提货券	4.71	90%

续表

一级类目名称	DSR 前三项均值大于等于	售后服务综合指标排名小于等于
教育培训	4.83	90%
本地化生活服务	4.74	90%
餐饮美食	4.64	90%
腾讯 QQ 专区	4.91	90%
网络游戏点卡	4.71	90%
手机号码/套餐/增值业务	4.68	90%
移动/联通/电信充值中心	4.90	90%
度假线路/签证送关/旅游服务	4.74	90%
景点门票/实景演出/主题乐园	4.77	90%
特价酒店/特色客栈/公寓旅馆	4.67	90%
国内机票/国际机票/增值服务	4.71	90%
其他	4.54	90%

（4）商家店铺的综合排名较低时，商家不得报名参与天猫营销活动。

（5）商家的报名经天猫审核通过后，如果在营销活动前或活动进行过程中发现商家店铺在交易、维权、营销等各环节存在异常的数据现象（包括但不限于交易账号异常、交易资金异常等情形），天猫将中止或终止商家继续参与营销活动。

（6）为确保消费者在天猫营销活动中享受到切实的优惠，天猫要求参与营销活动的商家应向消费者提供更具竞争力的商品价格，不得对消费者有价格欺诈行为。若商家并未通过其参加的营销活动将最具价格竞争力的商品提供给消费者，一经天猫发现并核实，天猫有权中止及/或终止商家继续参与营销活动。同时，商家参与历次天猫营销活动时给到消费者的优惠力度，将作为考量商家能否参加天猫重大营销活动的标准之一。

定义及说明如下。

（1）大型官方活动：指天猫发布的招商活动规则中明示的此活动为天猫发起的"大型官方活动"字样。

（2）退出：指商家因自身原因导致的退出，包括但不限于"商品数量不足""提供不出允诺价格、商品型号"等各种违背当初招商承诺的情况。

（3）15个自然日：两个大型官方活动间隔期少于15个自然日的，以间隔期为约定承诺期。

（4）DSR三项均值：指活动报名当天，店铺前台展示的"描述相符""服务态度""物流服务"三项DSR评分的平均值。

（5）售后服务综合指标：包括纠纷退款率、退款完结时长、退款自主完结率三项指标的一个综合评估数据，取值范围为近28天，其中三项数据对综合指标的影响占比约为3∶2∶1，综合指标以排名占比的形式展现与同行的对比；所有商家必须满足在同行业下的售后服务综合指标排名小于等于90%，才能报名参与天猫营销活动。售后服务综合指标查看方式如下：后台路径→商家中心→商家成长→体检报告→客服→售后。三项指标的具体计算逻辑如下。

- 纠纷退款率：近28天，（售中+售后）判定为卖家责任且生效的退款笔数/支付宝成交笔数。
- 退款完结时长：近28天，退款完结（售中+售后）总时长/退款完结总笔数。
- 退款自主完结率：近28天，商家自主完结退款（售中+售后）笔数/店铺完结退款笔数。

（6）商家店铺的综合排名：指天猫从多个维度对报名营销活动的商家进行排名，排名的维度包括但不限于商家店铺的品牌知名度、活动契合度、店铺成交额、店铺类型、开店时长、客单价、店铺主营类目、诚信经营情况（如近90天是否存在严重虚假交易行为）等。商家店铺的综合排名仅适用于营销活动准入，针对排名过低的商家，天猫将通知其不得参加营销活动，但天猫不对外公示排名的具体结果。

5.2 常用活动介绍——聚划算

5.2.1 认识聚划算

聚划算（www.juhuasuan.com）是淘系规模和爆发力最强的营销平台，商家通过参加品牌团、主题团、商品团，打造超过店铺日销数倍以上的爆发力。目前是中国最大的以消费者为驱动的品质购物网站。涵盖在线商品到地域性生活服务，帮助千万网友节省超过 110 亿元，聚划算已经成为互联网消费者首选团购平台。聚划算平台的参团类型主要包括商品团、品牌团、聚名品、聚新品、竞拍团等，涵盖了淘宝平台大部分类目，并且根据各类目特色又衍生出量贩团、主题团、超级品牌日、预售等多种玩法，是卖家快速打造爆款及累积用户群的重要营销平台之一。

5.2.2 聚划算的展示入口

聚划算的主要展示入口有：PC 端的淘宝网首页及聚划算首页，无线端的手机淘宝 APP 及触屏版首页、天猫 APP 及触屏版首页。示例如图 5-3 所示。

图 5-3

5.2.3　报名入口及招商规则

我们可以通过聚划算首页（www.juhuasuan.com 或 ju.taobao.com）右上方的"商户中心"进入到聚划算后台，在左侧菜单中找到"规则中心"了解聚划算的大部分规则。扫描图 5-4 所示的二维码可快速进入商户中心。

图 5-4

在这里我们主要查看聚划算平台的《聚划算商家管理规则》及各种开团的招商标准，如图 5-5 所示。

图 5-5

在了解相关规则和标准后，可以查看招商公告或返回商户中心首页单击"我要报名"按钮来查看聚划算的坑位规划，选择符合条件并且适合卖家的坑位进行报名，如图 5-6 所示。

图 5-6

但聚划算是一个限时促销的平台，曝光度极大，所以商家进入有一定门槛，适合具备一定运营能力的商家参与。接下来，笔者将重点介绍一下参与聚划算的一些基本要求及报名流程，如图 5-7 所示。

图 5-7

5.2.4 聚划算对店铺的要求

1. 集市店铺要求

（1）基本要求：符合《淘宝网营销活动规则》标准、符合淘宝各类目的行业资质标准。

（2）信用等级：除特殊店铺主营类目外，淘宝网店铺信用等级必须在 1 皇冠及以上，店铺 DSR 必须高于 4.6 分，若店铺 DSR 低于 4.5 分将无法报名。

特殊店铺主营类目如下：

- 主营类目为"书籍/杂志/报纸、装修设计/施工/监理"的店铺报名时，店铺信用等级必须在 1 钻及以上。
- 主营类目为"孕妇装/孕产妇用品/营养，厨房电器，电脑硬件/显示器/电脑周边，电玩/配件/游戏/攻略，个人护理/保健/按摩器材，平板电脑/MID，闪存卡/U 盘/存储/移动硬盘，生活电器，数码相机/单反相机/摄像机，台式机/一体机/服务器，网络设备/网络相关，节庆用品/礼品，厨房/烹饪用具，餐饮具，保健品/膳食营养补食品，自行车/骑行装备/零配件，咖啡/麦片/冲饮，茶，粮油米面/南北干货/调味品，水产肉类/新鲜蔬果/熟食，住宅家具，床上用品，基础建材，家装主材，全屋定制，汽车/用品/配件/改装，新车/二手车，商业/办公家具，个性定制/设计服务/DIY，鲜花速递/花卉仿真/绿植园艺，笔记本电脑，酒类，摩托车/电动车/装备/配件，五金工具，电子/电工，家居饰品"的店铺报名时，店铺信用等级必须在 3 钻及以上。

（3）运营能力：除主营类目为移动/联通/电信充值中心，手机号码/套餐/增值业务，网络游戏点卡，腾讯 QQ 专区类目的卖家，主营类目为手机的天猫旗舰店，以及景点门票/实景演出/主题乐园，特价酒店/特色客栈/公寓旅馆，度假线路/签证送关/旅游服务类目的淘宝旅行卖家外，其他店铺实物交易占比必须在80%及以上方可报名。

（4）店铺违规：历年店铺虚假交易B类扣分达48分及以上（包含历年虚假交易扣分）的，永久不得报名聚划算；历年店铺虚假交易A类扣分48分及以上（包含历年虚假交易扣分）的，自处罚之日起90天内不得报名聚划算；历年店铺虚假交易A类扣分12分及以上（不含0分）（包含历年虚假交易扣分）的，自处罚之日起30天内不得报名聚划算。

（5）活动表现：近30天内参加过聚划算的店铺，要求近30天参聚订单金额退款率不超过50%；且除主营类目为男装、女士内衣/男士内衣/家居服、女装/女士精品、箱包皮具/热销女包/男包的店铺近30天参聚订单未发货金额退款率不超过40%外，其他店铺近30天参聚订单未发货金额退款率不超过30%。

（6）特殊情况：以上除违规类准入条件，类目若有特殊情况，可根据书面说明另行处理。

2. 天猫店铺要求

（1）基本要求：符合《天猫营销活动规则》标准、符合淘宝各类目的行业资质标准。

（2）开店时长及评价：天猫旗舰店、天猫国际店铺要求开店时长在30天及以上，其他类型的店铺开店须满足90天及以上；部分类目还要求店铺有效评价需要满足2000个以上（类目不同），具体请参考招商标准。

（3）店铺处罚：

- 历年店铺虚假交易B类扣分达48分及以上（包含历年虚假交易扣分）的，永久不得报名聚划算。

- 历年店铺虚假交易 A 类扣分 48 分及以上（包含历年虚假交易扣分）的，自处罚之日起 90 天内不得报名聚划算。
- 历年店铺虚假交易 A 类扣分 12 分及以上（不含 0 分）（包含历年虚假交易扣分）的，自处罚之日起 30 天内不得报名聚划算。
- 店铺因违反《天猫规则》一般违规行为扣分满 12 分或 12 分的倍数，自处罚之日起 7 天内不得报名聚划算；天猫店铺因存在商品与描述不符的处罚的，自处罚之日起 30 天内不得报名聚划算。

（4）售后综合指标：店铺售后服务综合指标不低于 10%（相关数据可以在商家中心→客户服务→服务数据看板中查看具体指标），如图 5-8 所示。

图 5-8

（5）特殊情况：天猫店铺因存在商品与描述不符的处罚的，自处罚之日起 30 天内不得报名聚划算。

（6）活动表现：近 30 天内参加过聚划算的店铺，要求近 30 天参聚订单金额退款率不超过 50%；且除主营类目为男装、女士内衣/男士内衣/家居服、女装/女士精品、箱包皮具/热销女包/男包的店铺近 30 天参聚订单未发货金额退款率不超过 40% 外，其他店铺近 30 天参聚订单未发货金额退款率不超过 30%（相关数据可至聚划算→商户中心→我的工作台→数据中心→活动分析中查看）。

5.2.5 聚划算的商品要求

（1）商品资质：品牌商品必须有品牌方提供的售卖证明，或者商品以报名库存为要求的购买发票，或者有品牌渠道商的资质证明；自有品牌商品提供自有品牌的相关证明，部分类目还需要提供针对商品本身的质检报告。

（2）报名价格：报名商品的价格不得高于其在淘宝网/天猫的近30天历史最低拍下价，淘宝网/天猫组织的大型促销活动的价格除外，特殊类目除外（如黄金、笔记本电脑，平板电脑/MID、台式机/一体机/服务器，电脑硬件/显示器/电脑周边，网络设备/网络相关，闪存卡/U盘/存储/移动硬盘）。

（3）商品基本资质要求如下。

A. 除淘宝旅行卖家以及新车/二手车类目针对单个商品不要求有历史销售记录外，其他活动报名商品原价必须符合聚划算对商品历史销售记录的要求，具体如下：

- 商品原价在500元（不含）以下的，报名商品近30天的历史销售记录必须在20笔及以上。
- 商品原价在500元（含）以上，3000元（不含）以下的，报名商品近30天的历史销售记录必须在10笔及以上。
- 商品原价在3000元（含）以上的，报名商品近30天的历史销售记录必须在5笔及以上。

B. 报名参团价格100元以下的商品，库存数量须1000件及以上；淘宝旅行卖家报名商品的货值至少需要30万元及以上（货值=参团价格*报名库存）。

C．天猫店铺报名商品的"宝贝与描述相符"评分达 4.6 及以上，如图 5-9 所示。

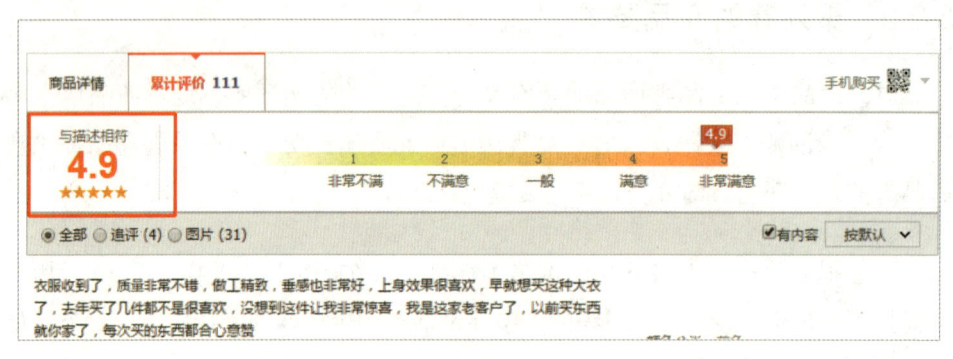

图 5-9

不满足报名要求接无法提交报名，以上触及任意一条，商品将无法提交！

其他有关商品的要求，笔者将在商品报名环节进行说明。

5.2.6 聚划算报名流程及注意事项

读者通过前面介绍的招商公告已了解了参团详情，接下来，我们就可以进入正式报名界面来进行活动的报名了。直接在商家中心单击"我要报名"按钮或进入"我的工作台"选择左侧的"我要报名"菜单即可进入报名界面。

1．选择活动

单击"全部活动"，选择当前店铺的主营类目及参团类型筛选出能报名的活动列表（也可以通过活动时间及名称进行快速筛选），如图 5-10 所示。

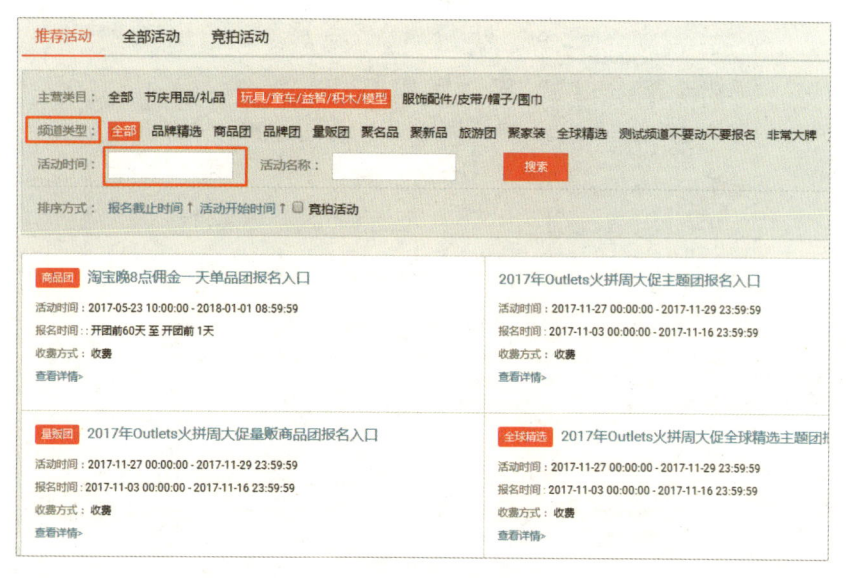

图 5-10

筛选出合适的活动后,单击"查看详情",单击左上角"立即报名"按钮。

2. 选择商品

进入报名界面后,系统会自动将符合审核机制的商品列出并在商品列表后面显示正常的"提交"按钮,而若不符合审核机制,则"提交"按钮显示为灰色底。

卖家可以单击"查看原因"按钮查看具体原因,可以根据提示来进行相关优化,直到满足条件为止。

3. 选择坑位

若你的商品符合所有坑位的条件,系统将展示 6 周内所有坑位。单击"我要报名"按钮即可。若你的商品商品不符合条件,将默认不展示不符合条件的坑位,如图 5-11 所示。

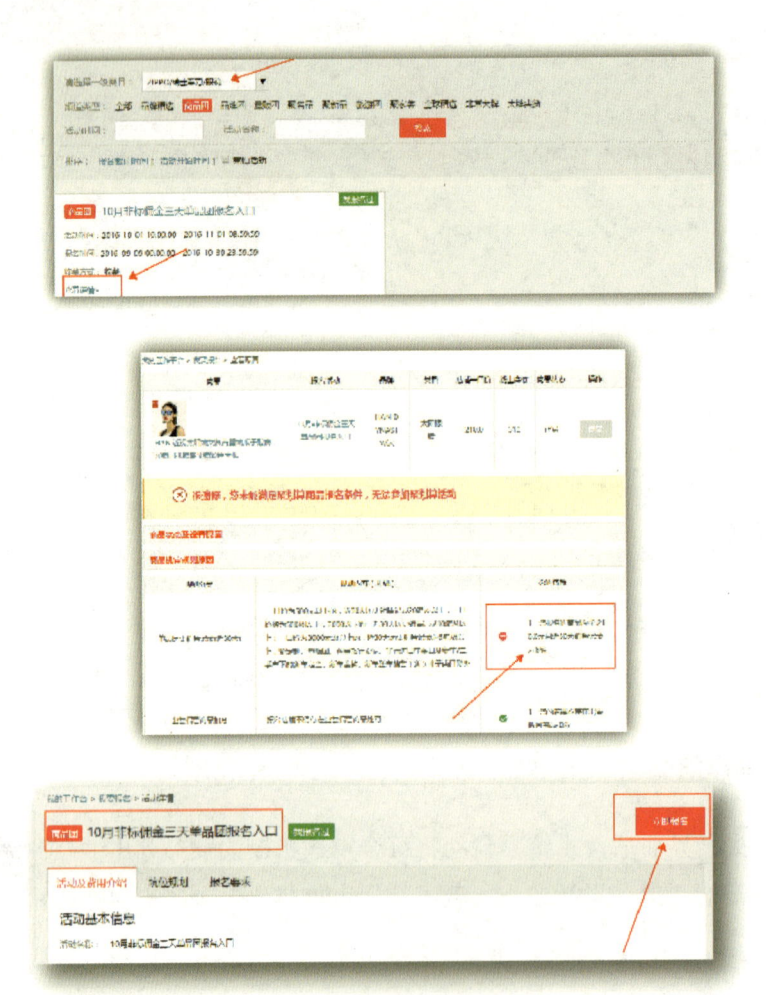

图 5-11

4．填写商品报名信息

进入报名页面后，根据相关要求及页面提示填写好详细的报名信息即可进入审核流程。需要填写的内容包括基本信息，如宝贝标题、卖点、团购价格、描述等，还包括费用相关信息等其他内容。最终如果卖家参团成功，这部分内容将在聚划算页面展示。在这里要注意的是，部分类目还会要求卖家提供相应的资质证明或检测报告等信息。

笔者建议卖家在报名前就将相关的素材准备好，特别是商品的文案、卖点、营销活动利益点、详情页等内容，因为这部分内容不仅仅涉及商品活动的转化率问题，更关系到在人工审核阶段能否打动小二，从而提高审核通过率。如果说我们的日常视觉呈现是为了转化买家，那么这里的内容就是要转化审核商品的小二，如图 5-12 所示。

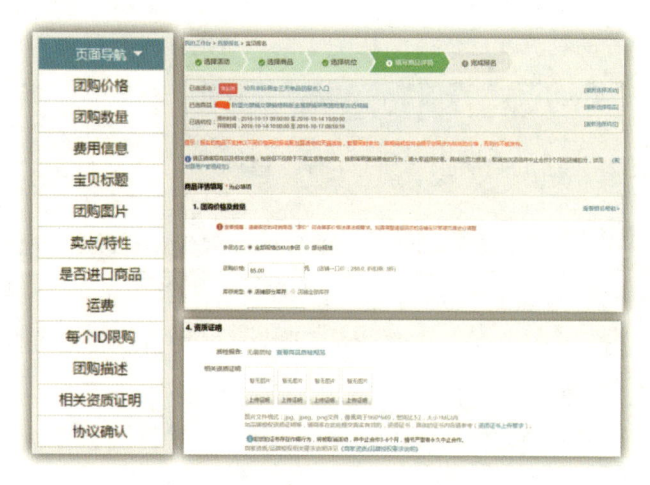

图 5-12

另外，卖家在报名时还应注意以下事项：

（1）报名商品的价格不得高于其在淘宝网/天猫的近 30 天历史最低拍下价（新品不足 30 天的自商品上架之日起算）。

（2）报名商品库存要求：报名参团价格 100 元以下的商品，库存数量须在 1000 件及以上；淘宝旅行卖家报名商品的货值至少需要在 30 万元及以上（货值 = 参团价格 * 报名库存）。

（3）限购规则：报名聚划算的商品，在设置限购数量时，除特殊类目外，最多可以设置为限购 5 件。

（4）邮费规定：报名参加聚划算的商品，必须全场包邮。全场包邮是指：除本规则对特殊类目商品另有规定外，由卖家承担从卖家处发货到买家处的首次发货的运费，买家只需支付所挑选商品的相应价格即可。

- 特殊类目商品，是指家装主材、基础建材、住宅家具、商业/办公家具等类目下的大件商品，必须支持包物流，同时家装主材、基础建材、住宅家具类目在提供包物流的基础上必须提供物流配送服务。
- 家装主材、基础建材类目下的大件商品就本规则所附的全国314个主城区提供免费的物流配送服务；住宅家具类目的大件商品就本规则所附的全国314个主城区提供免费的物流配送安装服务。

（5）聚划算生活汇商品报名信息，具体要求如下。

- 商品图片应清晰、规整。图片尺寸要求为960×640像素，宽高比例为3:2（如不能提供准确尺寸的图片，则图片宽度不小于960像素、高度不小于640像素）。商品主图要求白底，场景类商品的图片颜色必须为浅色系（图片格式支持JPG、GIF和PNG）。
- 商品一口价必须和宝贝页面的"一口价"一致，聚划算参团价必须与参团页面价格一致。
- 参团数量应与报名时提交的商品数量一致。
- 物流方式需与实际活动要求及商品页面详情一致。
- 商品详情中应如实填写以下信息：特别提示；活动详情；套餐详情及价格表（必须用文字，不支持图片格式）；商家介绍；先锋体验。

（6）报名商品图片需保证取得有效版权人或肖像权人等第三方权利人明确授权并有可转授权权利证明。

（7）规定内容字数控制在24个字节或12个汉字字符以内，尽量在语义明确的前提下简化对商品名称的描述。

（8）买家付款后，天猫卖家需按《天猫规则》进行发货，淘宝商家需按《淘宝规则》进行发货。

5.2.7 聚划算报名商品的审核

在完成商品报名后,聚划算平台会对报名商品进行审核。审核共分为三个步骤。

1. 一审(审核方式:系统审核)

审核时间:该活动报名结束两天内;审核内容(包括但不限于)如下。

(1)商品报名价格。

(2)报名商品货值。

(3)历史成交及评论。

(4)商品 DSR 评分。

(5)店铺近 3~6 月成交排名。

(6)店铺聚划算成交额和历史单坑产出水平。

2. 二审【审核方式:人工审核】

审核时间:该活动报名结束四天内。

重点审核内容如下。

(1)库存:数量多者优先考虑,建议高于保底成交额。

(2)价格具有市场竞争力。

(3)商家分值择优录取,不低于各个一级类目的最低分值。

(4)是否存在拼款、换款情况。

3. 终审【审核方式:人工及系统审核】

审核时间:二审结束至商品发布之日内。

重点审核内容如下。

（1）产品价格及库存。

（2）是否存在违规情况。

（3）保证金等费用缴纳情况。

一般来讲，二审通过即代表商品可以参团，但在产品发布之前还需要进行一系列的操作，聚划算小二及系统会在正式发布前对卖家及商品的情况做最后的发布确认，所以我们应该按系统提示的时间结点尽快完成相关操作，以免最终无法正常发布产品，从而导致参团失败。

5.2.8 开团前的准备

1. 费用冻结

在通过二审以后，卖家报名的商品即将进行发布、预热、正式开团，在这之前还应根据招商要求进行相关费用的冻结，聚划算费用分保证金和佣金两部分。

（1）保证金

保证金是指聚划算为了维护消费者权益，冻结商家一定的款项，确保商家根据承诺提供商品和服务。若商家出现付款后不发货、商品有质量问题等情况，聚划算平台会将保证金赔付给消费者。

保证金分为如下两种。

- 商家保证金：适用于长期参与聚划算的商家，每一年交一次保证金，金额为50万元。一年计算期为自冻结开始之日算起的一年时间，在此期间，不支持商家保证金的解冻，故商家慎重选择！
- 货款冻结保证金：卖家每次参团，聚划算根据报名商品的货值冻结一部分款项。

保证金具体金额：

- 货值大于等于 0 元，小于 10 万元的，冻结等值的全额保证金。
- 货值大于等于 10 万元，小于 30 万元的，冻结 10 万元保证金。
- 货值大于等于 30 万元，小于 100 万元的，冻结 30 万元保证金。
- 货值大于等于 100 万元的，冻结 50 万元保证金。

为了保障消费者利益，参加聚划算的卖家要按照上文要求缴纳保证金。由此卖家会因为参加聚划算而占用大量的资金，基于这种情况，聚划算联合众安保险专为聚划算卖家量身打造、用于替代保证金缴纳而推出了"参聚险"这样一款保险服务产品。

它旨在帮助诚信卖家降低参加聚划算资金担保的门槛，释放积压占用的保证金，节约生产经营成本。

卖家选择"参聚险"这款保险产品后，无须再按以往方式冻结大额聚划算保证金，只需缴纳相对较低的保费，即获得对消费者和聚划算平台的保障服务资格，并可以享受由众安保险公司提供的先行垫付赔款的服务。

加入"参聚险"保险服务，卖家只需支付少额保费（单次参团最高额保费 1500 元）即可代替冻结高额保证金来参团。

相比直接缴纳保证金来参团的方式来说，聚划算参聚险的优势主要体现在：

（1）为聚划算商家量身定制的产品。

符合条件的商家可自愿选择参聚险来代替交保证金，流程简单、操作便捷，专为聚划算卖家定制。

（2）降低聚划算商家参聚成本。

无须占用全额保证金，费率仅需 0.3%。

（3）年度优惠：

用户累计投保参聚险所缴纳保费达到 20000 元，（自然年内）之后所有选择参聚险所需缴纳保费统一为 0 元。

所以在参加聚划算活动时，卖家可以自主选择直接缴纳保证金的方式，也可以选择"参聚险"这种方式支付少额保费代替冻结高额保证金来参团。

注意！保证金必须在发布前完成冻结，否则商品将被取消活动，同时对店铺给予中止合作一个月的处罚。

保证金操作细则可扫描页面右侧二维码获得详情，如图 5-13 所示。

图 5-13

（2）保底佣金

保底佣金是由卖家参加聚划算，成交额未达到目标成交额（保底交易量）时需要向聚划算承担的技术服务费。订单总金额达成或超出目标成交额（保底交易量）的，则全额返还（解冻）保底收费预付款；未达成的，该类目的保底佣金，减去实时划扣的佣金之后所形成的差额部分，从保底佣金中扣除。剩余保底佣金解冻并返还卖家。

冻结时间：必须在商品发布前冻结对应一定款项至卖家所绑定的支付宝账户。

解冻时间：参团结束后 15 天，特殊类目为 25 天；

保底佣金及收取方式可扫描如图 5-14 所示二维码获得详情。

图 5-14

2. 信息变更

相关费用缴纳完毕后，卖家还需要对参聚商品信息进行进一步的维护和优化，以保证活动效果，聚划算平台允许卖家在商品发布前、发布后、活动进行的过程中对部分产品信息进行修改，包括：

（1）聚划算主图，主图的好坏直接影响活动的流量。

（2）聚划算详情页，点击主图进入到参聚商品详情页，这个页面的好坏直接决定了来访买家是否愿意参团购买商品。

（3）商品本身的详情页，当买家在聚划算页面中决定参团或愿意了解详细信息时会进入此页面中，此时卖家可以在详情页中进行产品的关联、呈现店内活动等操作，可促进买家最终下单购买，甚至带动店内其他商品的销售。

因为库存是直接影响后续产品发布的因素之一，所以卖家要注意参团商品的库存问题，具体规则如图 5-15 所示。

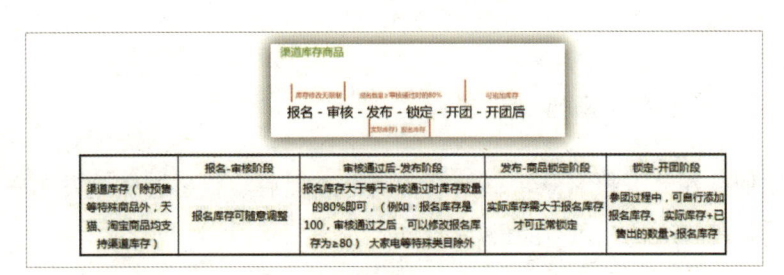

图 5-15

关于其他信息变更的具体节点及可变范围请参考图 5-16。

修改报名信息规则		参团状态					规则说明
		待审核	审核通过	已排期	已发布		
					未开团	开团中	
基本信息	标题	开启	开启	开启	开启	开启	需要进行敏感词过滤
	卖点	开启	开启	开启	开启	开启	需要进行敏感词过滤
	描述	开启	开启	开启	开启	开启	1、审核通过前随意调整 2、审核通过后走信息变更
	主图/无线主图	开启	开启	开启	开启	开启	1、审核通过前随意调整 2、审核通过后走信息变更
	辅图	开启	开启	开启	开启	开启	
	主图标签	开启	开启	开启	开启	开启	需要进行敏感词过滤
	团购价	开启	开启	开启	开启	关闭	1、审核通过前随意调整 2、审核通过后只能小于等于审核通过时价格 3、开团后不能修改
	吊牌价	关闭	关闭	关闭	关闭	关闭	入保时使用，从天猫同步
	团购数量	开启	开启	开启	开启	开启	1、审核前随意调整 2、审核通过后大于审核通过数量
	限购数量	开启	开启	开启	开启	开启	到达展示时间，不得更改限购数量
	运费	开启	关闭	关闭	关闭	关闭	1、审核通过前可以选择送货方式 2、审核通过后不能修改
服务信息	资质证明	开启	关闭	关闭	关闭	关闭	
	直通车外投	开启	开启	开启	开启	开启	
营销推广	店内优惠活动	开启	开启	开启	开启	开启	
	淘宝客推广	开启	开启	开启	开启	开启	
	站外推广	开启	开启	开启	开启	开启	
	预热优惠券	关闭	开启	开启	关闭	关闭	
	店内活动	关闭	开启	开启	关闭	关闭	

图 5-16

3．商品的发布、预热、锁定

参团商品在经过报名→审核→准备三个过程后，就将进入到发布→展示预热→锁定阶段，这是开团前的最后阶段。

（1）商品发布：商品只有发布后，才可以正常进行参团，未发布的商品是无法参团的，目前聚划算采用系统发布和自助发布两种模式。商品发布的注意事项如下：

- 系统会在展示预热期的前两个工作日（不包括周六、周日）下午3点开始对符合开团条件的商品进行自动发布，系统发布失败后需要卖家针对失败原因进行修改后自助发布。
- 商家可在开团前任意时间内在参团商品管理中单击"我要发布"按钮发布商品。

（2）展示预热：参聚商品在正式开团前会有1~3天的展示时间，展示时间以报名入口设定的开团时间为准，周六、周日计算为2天，特殊节假日和特殊营销活动的开团时间以实际公告为准。在此阶段，因为已经可以从聚划算平台的展示页中看到此商品，故卖家可以加大推广与引流力度，促进买家的加购和收藏，为正式开团后的活动效果做好准备。

（3）商品锁定：系统会对参团商品会在开团前一天的16点进行锁定，一但商品被锁定，将不能变更商品类目、宝贝类型、宝贝属性、SKU规格、提取方式、物流参数、减库存方式、开始时间、秒杀商品设置。在这个步骤中可能会出现两种情况：

- 参团商品为已发布状态，系统将对商品进行锁定。
- 参团商品为未发布状态，系统将对商品进行审核，符合条件的将会一次性进行发布和锁定操作，但若商品不符合发布条件，将锁定失败并退回至待发布状态。

对于已经过了锁定期仍未成功发布的商品，商家应立即排查失败原因并进行整改，一但错过开团时间，将失去本次参团机会，与此同时将因违规而面临聚划算平台的处罚，从而影响后续商品的参团。

4. 影响产品发布的因素

（1）商品发布时，商家或商品不符合当前活动的准入条件，如库存不得低于报名库存的 80% 等（见前文审核机制）。

（2）店铺或商品状态不正常，如店铺不存在或商品被删除等。

（3）信息变更未被审核通过。

（4）商家未完成保证金、佣金的冻结。

（5）参团店铺违反《天猫规则》《淘宝规则》及会导致无法正常参团的其他规则。

（6）实际参团商品的描述与报名时的描述不一致。

（7）参团商品出现强制搭售或拼款。

（8）参团商品被品控部门抽查或是质检报告不合格。

（9）相关法律法规或具体情形判定为需要取消活动等情形。

前面已带大家认识了聚划算并以"商品团"为例为大家讲解了商品报名、审核、发布的过程，其他参团形式如"品牌团""聚新品"等的操作方法与"商品团"大同小异，无非是门槛与部分要求稍有不同，大家可以通过聚划算后台中的"招商规则"进一步了解其他的开团规则，进行选品、报名。

5.3 常用的营销活动——淘抢购

5.3.1 认识淘抢购

淘抢购（qiang.taobao.com）是通过限时开团的单品打造"抢"的氛围，拉动商品流量和成交额，形成店铺日销中的小高峰。希望通过爆款在短期内拉动流量及成交量的卖家，建议选择淘抢购平台。淘抢购的主要展示入口有两个，一是PC端淘宝首页及淘抢购首页，另外一个是淘宝APP首页及无线端，如图5-17所示。

图 5-17

5.3.2 淘抢购对店铺的要求

1. 集市店铺要求

（1）符合《淘宝网营销活动规则》标准。

（2）符合淘宝各类目的行业资质标准。

（3）开店时间：90 天及以上。

（4）卖家信用等级：三钻及以上。

（5）店铺实物交易占比 80% 且半年正常计分评论数 200 以上。

（6）店铺本年度内无淘宝网严重违规行为扣分 6 分（含）以上的处罚。

（7）店铺本年度内无出售假冒商品违规处罚。

（8）店铺本年度内无扰乱市场秩序违规处罚。

（9）以上除违规类准入条件，类目若有特殊情况，可根据书面说明，另行处理。

（10）店铺近 60 天参加淘抢购活动商品，最终成交指标符合综合考核要求（综合指标包含实际成交金额、订单退款笔数、确认收货金额等）。

2. 天猫卖家要求

（1）符合《天猫营销活动基准规则》。

（2）符合天猫各类目的行业资质标准。

（3）开店时间：90 天及以上。

（4）虚假交易违规要求：

- 历年店铺虚假交易 B 类扣分达 48 分及以上（包含历年虚假交易扣分）的，永久不得报名淘抢购活动。
- 历年店铺虚假交易 A 类扣分 48 分及以上（包含历年虚假交易扣分）的，自处罚之日起 90 天内不得报名淘抢购活动。
- 历年店铺虚假交易 A 类扣分 12 分及以上（不含 0 分）（包含历年虚假交易扣分）的，自处罚之日起 30 天内不得报名淘抢购活动。

（5）以上准入条件，类目若有特殊情况，可根据书面说明，另行处理。

（6）店铺近 60 天参加淘抢购活动商品，最终成交指标符合综合考核要求（综合指标包含实际成交金额、订单退款笔数、确认收货金额等）。

5.3.3　淘抢购对报名商品的要求

1. 普通商品要求

（1）品牌商品必须有品牌方提供的售卖证明，或者有商品以报名库存为要求的购买发票，或者有品牌渠道商的资质证明；自有品牌商品提供自有品牌的相关证明。

（2）报名商品必须为一口价。

（3）报名商品，排期后不得修改商品原价。

（4）报名商品历史销售记录（新品除外）：

- 商品原价在 500 元以下的，报名商品近 30 天的历史销售记录必须不少于 20 笔。

- 商品原价在 500 元（含）以上，3000 元以下的，报名商品近 30 天的历史销售记录必须不少于 10 笔。
- 商品原价在 3000 元（含）以上的，报名商品近 30 天的历史销售记录必须不少于 5 笔。

（5）报名商品抢购价不高于近 30 天商品最低成交价（不足 30 天的自商品上架之日起算）。

（6）报名商品库存要求：报名库存数量下限 =5 万元 / 抢购价，同时，活动开始时，商品实际库存不得小于商品报名库存。

（7）限购规则：报名淘抢购的商品，必须设置商品限购数量，限购数量最高为 5 个（特殊类目除外）。

（8）报名参加淘抢购的商品，必须全场包邮。全场包邮是指：除本规则对特殊类目商品另有规定外，由卖家承担从卖家处发货到买家处的首次发货的运费，买家只需支付所挑选商品的相应价格即可。

（9）报名商品图片为 640×640 像素，白底，240KB 以内，图片清晰，主题明确且美观，不拉伸变形、不拼接，无水印、无 LOGO、无文字信息，支持 JPG、JPEG、PNG 格式。注：一图一个商品或单个模特。

（10）报名商品图片需保证取得有效版权人或肖像权人等第三方权利人明确授权并有可转授权权利证明。

（11）报名商品标题需为 18~24 个汉字或者 36~48 个字符，标题格式为"品牌"+"商品内容"+"商品描述"，对商品有准确清晰的描述，严禁堆砌关键字，不可出现特殊符号。

（12）买家付款后，天猫卖家需按《天猫规则》进行发货，淘宝商家需按《淘宝规则》进行发货。

（13）以上报名条件，类目若有特殊情况，可根据书面说明，另行处理。

2. 秒杀商品要求

（1）品牌商品必须有品牌方提供的售卖证明，或者商品以报名库存为要求的购买发票，或者有品牌渠道商的资质证明；自有品牌商品提供自由品牌的相关证明。

（2）需为近30天内最低成交价在100元以上的商品。

（3）必须以1元的价格报名抢购的秒杀。

（4）报名的库存数量=5000元/近30天内最低成交价。

（5）报名参加淘抢购的商品，必须全场包邮。全场包邮是指：除本规则对特殊类目商品另有规定外，由卖家承担从卖家处发货到买家处的首次发货的运费，买家只需支付所挑选商品的相应价格即可。

注意：

- 特殊类目商品，是指家装主材、基础建材，住宅家具、商业/办公家具等类目下的大件商品，必须支持包物流，同时家装主材、基础建材、住宅家具类目在提供包物流的基础上必须提供物流配送服务。
- 家装主材、基础建材类目下的大件商品就本规则所附的全国314个主城区提供免费的物流配送服务；住宅家具类目的大件商品就本规则所附的全国314个主城区提供免费的物流配送安装服务。具体城区见网站说明。

具体城区说明请扫右侧二维码获得详细说明，如图5-18所示。

（6）640×640像素，白底，240KB以内，图片清晰，主题明确且美观，不拉伸变形、不拼接、无水印、无 LOGO、无文字信息，支持 JPG、JPEG、PNG 格式。

图 5-18

（7）报名商品标题需为 18~24 个汉字或者 36~48 个字符，标题格式为"品牌"+"商品内容"+"商品描述"，对商品有准确清晰的描述，严禁堆砌关键字，不可出现特殊符号。

（8）买家付款后，天猫卖家需按《天猫规则》进行发货，淘宝商家需按《淘宝规则》进行发货。

在了解了淘抢购平台的特点及基本规则后，接下来笔者将带领卖家进行商品的报名。淘抢购的参与方式主要有两种，分别为单品、品牌，在淘抢淘页面中我们还可以看到"急速抢"板块，因目前其还处于测试阶段，主要参与商品均来自于报名聚划算的部分产品，所以笔者接下来只以单品及品牌为例来介绍淘抢购的报名与开团流程，如图 5-19 所示。

图 5-19

5.3.4 单品类报名流程

（1）进入抢购商家后台（qianggou.taobao.com），在页面的右上方找到"点击进入报名"按钮,如图 5-20 所示。

图 5-20

(2)在此界面查看淘抢购活动,与聚划算界面类似,卖家可以通过类目、时间或活动关键词搜索,得到活动列表后,在适合自己的活动板块点击查看详情,如图 5-21 所示。

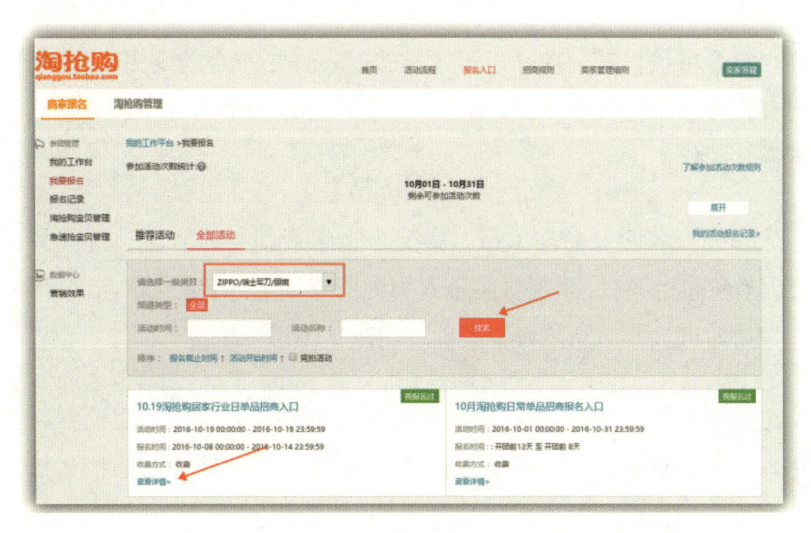

图 5-21

(3)进入活动详情页后,卖家需要仔细阅读活动及费用的介绍,了解坑位规划以及报名要求,确认无误后单击"立即报名"按钮进入商品报名列表,如图 5-22 所示。

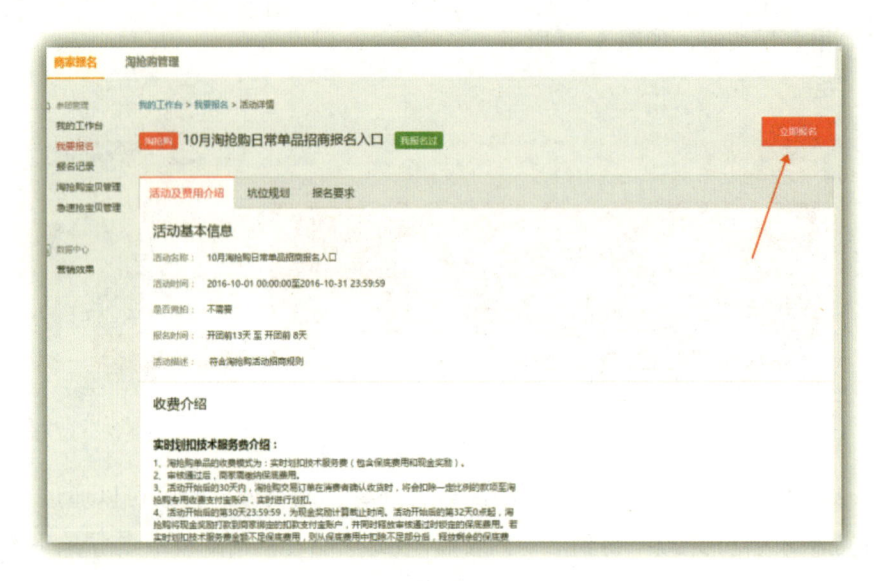

图 5-22

（4）进入商品报名页面后，我们可以看到符合审核机制的商品列表，与聚划算一样，符合审核机制的商品可以正常提交，而不符合的则提交按键为灰色，无法提交并在按钮下方提示"查看原因"，我们可以在单击其以后查看具体原因以便进行商品的优化。

（5）选择要报名的产品并单击"提交"按钮后即可进入坑位选择界面，若商品符合所有坑位的条件，系统将展示 6 周内所有坑位，如图 5-23 所示。单击"我要报名"按钮即可。若商品不符合条件，将默认不展示坑位。

（6）选择合适的坑位后，即可进入详细报名信息的填写与相关素材的提报流程。进入报名页面后，根据相关要求及页面提示填写好详细的报名信息即可进入审核流程。需要填写的内容包括基本信息，如宝贝标题、卖点、团购价格、描述等，还包括费用相关信息等其他内容。最终如果卖家参团成功，这部分内容将在淘抢购页面进行展示。在这里要注意的是，部分类目还会要求卖家提供相应的资质证明或检测报告等信息。

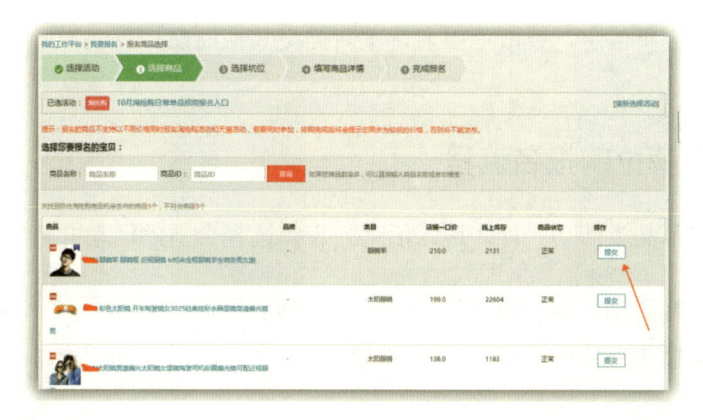

图 5-23

在填写报名信息的过程中，应该注意以下事项：

（1）团购价格×团购数量不低于 5 万元，同时参考活动介绍中的要求来设置。

（2）团购主图须严格按照图片要求格式来做，白底，无牛皮癣，如有品牌 LOGO，须放置在右上角。

（3）宝贝标题、利益点中严禁出现免单、返现类玩法透出，相关词汇不要违背《广告法》，严禁夸大宣传、虚假宣传。

（4）参加抢洋货活动的商品须为进口商品。

（5）抢洋货、抢大牌必须按照要求上传相关店铺、商品资质。

（6）团购数量、宝贝标题、团购主图在商品审核后不能修改，故在报名时一定要按要求填写。

（7）当卖家参团商品除参加活动以外还有额外库存时，建议勾选"参加返场"复选框，此后在活动开始后短时内销售完毕后可获得爆款返场的机会，使活动效果最大化。完成信息填写并确认无误后单击"提交"按钮，完成商品报名。

（8）报名结束后，卖家可以进入"我的工作台"查看详情，可以看到活动的商品提交截止时间、商品审核截止时间等信息。在商品提交截止时间之前，你可以修改宝贝信息，或取消报名，重新提交其他商品。

5.3.5　品牌抢购报名流程

（1）和单品类活动一样，进入活动列表，选择合适的活动并查看详情。

（2）了解活动详情及费用介绍、规划的坑位，校验店铺资质；如符合条件，单击"立即报名"按钮，进入"选择坑位"界面，如图5-24所示。

图 5-24

（3）选择坑位报名。按照开团的时间选择要报名的坑位，单击"选择"按钮。

（4）选择需要参加活动的商品并加入。而后单击已选商品，填写商品信息；如商品较多，可下载模板，按照格式批量填写商品信息，批量上传即可，如图5-25所示。

图 5-25

（5）完善团购价格、线上库存后，单击"提交"按钮，如图5-26所示。

（6）提交后即完成品牌报名。可根据时间轴查看商家审核进度。商家审核通过后，须提交商品，并按照单品报名相关要求，完善所有的商品信息，如图5-27所示。

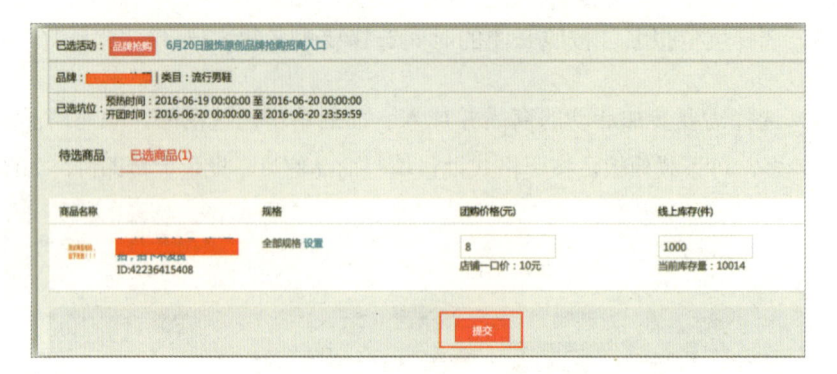

图 5-26

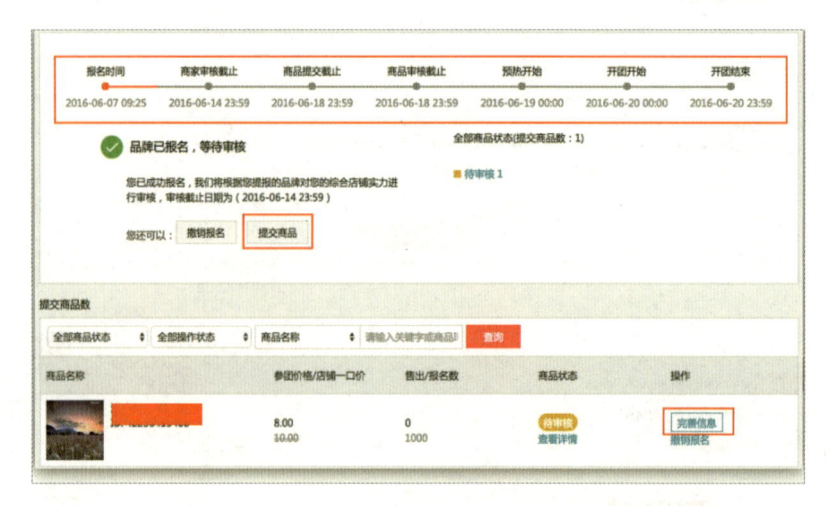

图 5-27

5.3.6　淘抢购平台的上线流程与注意事项

1. 报名详情

（1）当日可参与报名 7~9 天后的淘抢购活动。

（2）报名疲劳度：系统自动控制报名疲劳期，当天报名后，下次可报名时间在 4 天以后，一天活动最多报名 2 款商品。同商家同款商品，15 天内只能报名一天活动。

2. 审核详情

（1）审核时间：报名后 4~7 天。

（2）报名后的商品最晚在活动前 1 天完成审核，可在淘抢购商家中心的"报名管理"中查看商品的审核状态。

（3）审核通过后，商家缴纳保底费用。保底费用锁定成功的商家，会显示商品的排期信息。审核不通过的，会显示不通过的原因。

3. 排期详情

（1）报名原价一定要与详情页的原价一致，且不得修改。

（2）活动商品不允许下架，且切勿使用第三方工具设置商品自动上下架。

（3）线上库存必须大于或等于报名库存（活动库存会在审核通过后开始锁定，活动结束后释放）。

（4）不得擅自修改 SKU。

具体的活动时间段场次由系统进行自动排期。目前全天共 12 个场次：0 点场、6 点场、8 点场、10 点场、12 点场、13 点场、15 点场、17 点场、19 点场、21 点场、22 点场、23 点场。

4. 上线详情

卖家需要在上线前做好充足准备。活动开始后，提供优质服务，遵守淘抢购活动卖家管理细则。

5.3.7 淘抢购卖家违规行为与相应处理

（1）商品审核通过排期后，申请撤销活动的，淘抢购将从商家绑定的支付宝账户中扣取报名时锁定的保底费用，不予退还。

（2）商品审核通过排期后，商家不得私自更换商品，也不得增加审核前不存在的相关内容，否则将按违背承诺处理，取消当期活动资格，并拒绝合作90天。

（3）商品审核通过排期后，有以下行为的，取消当期活动资格。淘抢购将从商家绑定的支付宝账户中扣取报名时锁定的保底费用，不予退还。

- 活动预热前1小时，即活动开始日前一天的21点，系统校验到活动商品价格（即一口价）与报名时的商品价格（即一口价）不一致的。
- 活动预热前1小时，即活动开始日前一天的21点，系统校验到活动商品不符合报名时的包邮规则的。
- 活动预热前1小时，即活动开始日前一天的21点，系统校验到活动商品的可售卖数量小于报名商品数量的。

（4）商品审核通过排期后，商家或商品资质不符合淘抢购招商规则要求的，取消当期活动资格。

（5）淘抢购活动中，有以下行为的，取消当期活动资格。活动商品将按正常参加淘抢购活动结算费用。

- 系统校验到活动商品的状态变更为不可正常售卖的。
- 因商家违规，被淘抢购取消活动资格的。

（6）商品描述及售后

1）卖家参加活动后，明确表示无货或无法发货的。淘抢购将拒绝合作90天。

2）买家付款后，卖家未在规定的发货时间内完成发货的，将由淘宝和天猫执行对应的延迟发货的处罚,同时,淘抢购将拒绝合作 90 天。

- 淘宝延迟发货:除特殊情形外,延迟发货的商家需向买家支付该商品实际成交金额的 5% 作为违约金,且金额最低不少于 5 元,最高不超过 30 元;买家发起投诉后卖家未在淘宝网人工介入且判定投诉成立前主动支付该违约金的,除须赔偿违约金外,每次扣 3 分。

详细规则请扫描图 5-28 所示二维码查看。

- 天猫延迟发货:除特殊情形外,延迟发货的商家需向买家支付该商品实际成交金额的 30% 作为违约金,且金额最高不超过 500 元,该违约金将以天猫积分形式支付。

图 5-28

详细规则请扫描图 5-29 所示二维码查看。

3) 除特殊商品以外,卖家拒绝全国包邮的,或提出宝贝 N 件包邮的($N > 1$);或卖家主动选择发平邮的。淘抢购将拒绝合作 90 天。

图 5-29

4) 卖家出售的宝贝与报名活动的商品不符,或与宝贝自身描述不符。淘抢购将拒绝合作 90 天。

5) 接到举报或用户投诉,且查实商家确实存在其他违规情况,淘抢购将视情节严重情况而定,拒绝合作 90 天至永久。

6) 一元秒杀订单,卖家在买家拍下后的 30 分钟内主动关闭订单的,淘抢购将拒绝合作 90 天。

7) 一元秒杀订单,卖家虚假发货的或私自修改买家收货地址的(买卖双方通过旺旺确认修改的除外),淘抢购将拒绝合作 90 天。

总结：淘抢购与聚划算除活动形式有所不同，其报名与审核流程都比较相似，所以卖家在策划活动时可以针对不同平台的特点进行差异化营销，而在商品的报名上也千万注意不要将各平台的要求弄混，以免报名失败，错过最佳活动时机。

5.4 常用的营销活动——天天特价

5.4.1 认识天天特价

天天特价是淘系以扶持淘宝卖家为宗旨的唯一官方平台，与集市店铺和天猫店铺都可以参加的聚划算、淘抢购不同，其扶持对象仅为淘宝网集市店铺。天天特价频道目前有类目活动、10元包邮、主题活动3大块招商，其中类目活动、10元包邮为日常招商，主题活动为不定期开设的特色性活动，其规则也会区别于常规活动。天天特价有两大入口，分别是手机淘宝APP首页及PC端(tejia.taobao.com)，天天特价类目活动只展示在类目详情页面中，随机展示到首页，如图5-30所示。

5.4.2 天天特价对店铺的要求

天天特价的整体招商与上线流程如图5-31所示，总体与淘系平台活动报名流程类似，接下来了解一下天天特价对店铺的要求。

（1）符合《淘宝网营销规则》。

（2）报名"类目活动""10元包邮"的店铺信用等级为"三心及以上"。

图 5-30

图 5-31

（3）开店时间≥90 天。

（4）在线商品数量≥10。

（5）已加入淘宝网消费者保障服务且消保保证金余额≥1000元，需加入"7天无理由退换货"服务。

（6）实物宝贝交易≥90%，虚拟类目（如生活服务、教育、房产、卡券类等）除外。

（7）近半年店铺非虚拟交易的DSR评分三项指标分别不得低于4.7（开店不足半年的自开店之日起算）。

（8）因严重违规（B类）被处罚的卖家，禁止参加活动。

（9）因出售假冒商品（C类）被处罚的卖家，禁止参加活动。

（10）魔豆妈妈资质要求：仅针对魔豆妈妈卖家举办的主题活动，招商卖家必须为魔豆妈妈卖家，其余卖家不可报名。报名此类活动时，魔豆妈妈的店铺信用等级为"1心至5钻"，且不受店铺实物交易占比限制。非此特殊说明的场景，均须遵守《天天特价管理规范》。

（11）【10元包邮】活动不对"食品特产"大类的商品进行招商。

注：审核通过至活动上线期间会再次进行资质审查（包括已排期商品），商品或店铺的资质变化不能超过天天特价招商要求，报完名后要对商品做好维护，以防在此期间商品动态变化导致不符合报名要求，而最终被下线。

5.4.3　天天特价对报名商品的要求

1. 日常活动要求

（1）商品库存：报名"10元包邮"的商品库存要求为50件≤商品库存≤2000件。

（2）报名商品最近30天交易成功的订单数量≥10件。

(3)活动价格低于最近30天最低拍下价格,商品不得有区间价格(多个SKU时必须是同一价格)。

(4)报名商品必须中国内地包邮,详见细则。

(5)活动结束后的30天内,不得以低于天天特价活动价报名其他活动或在店铺里促销。若有违反,将按照《天天特价卖家管理细则》进行相应处罚。。

(6)特殊资质:

- 运动户外类目商品需要符合《淘宝网运动户外类行业标准》。
- 食品类商品需要有QS资质或中字标或授字标。

(7)商品报名信息应清晰、规整,商品标题和图片符合特定的格式要求:报名商品图片为480×480像素,仅支持JPG格式。主题明确且美观,不拉伸变形、不拼接、无水印、无LOGO、无文字信息,仅支持JPG格式,图片背景为白底、纯色或者浅色;商品图片规范。

(8)报名商品标题必须在13个汉字或者26个字符以内且描述准确清晰,严禁堆砌关键字。

(9)所有提交报名的商品及活动页面素材须确保不存在任何侵犯他人知识产权及其他合法权益的信息。

(10)报名商品须为店铺主营一级类目的商品。

(11)报名宝贝须具有价格优势、应季、优质、热卖等优质的特点。

2. 主题活动要求

天天特价的主题招商活动为非常归招商项目,根据每期主题不同,店铺与商品的维度要求也不同,我们以其中一期主题为例。

店铺要求：

- 卖家信用 1 钻及以上。
- 店铺主营类目符合招商要求。
- 店铺虚拟信用占比≤10%。
- 开店时间≥90 天。
- 加入消费者保障服务，且消保保证金余额≥1000 元。
- 在线销售商品数量≥5 款，宝贝 30 天已售出数量≥5。
- 店铺非虚拟交易的 DSR 三项评分≥4.7。
- 一般违规行为扣分不满 12 分。
- 严重违规行为扣分为 0 分。
- 无因虚假交易被违规扣分。
- 近一个月人工介入退款成功笔数占店铺交易笔数不超过 0.1%，或笔数不得超过 6 笔。
- 因出售假冒商品被违规扣分大于 0 分的，永久限制参加营销活动。
- 因各种违规行为而被搜索全店屏蔽的卖家，在屏蔽期间限制参加活动。
- 卖家不得存在《淘宝规则》最后中限制参加营销活动的其他情形。

商品基本资质要求：

- 商品不得有区间价格。
- 报名商品库存数量需在 200~20000，宝贝 30 天已售出数量 >5 件。
- 活动商品当前价格必须不得高于 30 天内最低价格。
- 报名商品必须中国内地包邮，且悬挂天天特价定制包邮模板。
- 报名商品图片为 480×480 像素，1MB 以内，图片清晰，主题明确且美观，不拉伸变形、不拼接，无水印、无 LOGO、无文字信息，支持 JPG、JPEG、PNG 格式。图片背景为白底、纯色或浅色，不可拼接。
- 商品活动标题必须在 12~24 个汉字以内且描述准确清晰，严禁堆砌关键字，活动期间商品详情页标题最前面需添加"天天特价"关键词。

- 所有提交报名的商品及活动页面素材须确保不存在侵犯他人知识产权及其他合法权益的信息。

所以，建议卖家时刻关注平台的活动公告，找到适合自身店铺与产品的主题活动并积极参与。

5.4.4 活动报名流程

（1）进入天天特价商家后台（tejia.taobao.com），单击"商家报名"，查看天天特价活动，可选择时间确定活动分类（类目活动 10 元包邮 主题活动）及日期，找到希望报名的活动分类，单击"立即报名"按钮（这里以 10 元包邮为例）。如图 5-32 所示。

图 5-32

（2）进入商品报名页面，按照页面的提示与要求正确填写需要报名的产品信息，特别是活动价格必须要小于或等于 30 天最低价，报名 10 元包邮活动则需要设定固定价格,否则无法通过审核。商品图可参照模板进行制作。至于是否参加淘客推广,则需要根据卖家的利润空间、推广预算等方面来进行选择,如图 5-33 所示。

图 5-33

(3)确认所填信息无误后,仔细阅读天天特价活动协议,勾选"我已阅读《天天特价活动协议》,并为违反规则的行为承担相应的责任。"复选框并提交申请,如图 5-34 所示。

图 5-34

第 6 章

发货管理

当店铺接单完成后,接下来面临的问题是如何给买家发货、买家所在区域快递到达时效,并要了解快递运费和发货物料都有哪些。在我们给买家发货前,还需要先学会订单打印及订单提交的所有步骤的操作方法。

快递选择:了解全国地域划分,对快递公司的费用、时效等各个纬度进行考量,选择合适的快递。

物流工具:运费模板、运单模板的设置步骤和细节。

商品打包:打包的流程,对不同产品打包的要求及注意事项进行描述。

发货流程:对订单查询、打印的流程、注意事项、发货的后台操作进行讲解。

6.1 快递选择

买家来自于全国各地,在给买家发货前,要了解快递公司对于不同城市的划分、到达时效及收费标准。

在这里概括讲一下各大快递公司对于全国各省市直辖市划分。

一区:上海市、浙江省、江苏省。

二区:广东省、福建省、安徽省、北京市、天津市、湖北省、湖南省、江西省、河北省、河南省、山东省。

三区:四川省、贵州省、海南省、陕西省、云南省、山西省、重庆市、黑龙江省、甘肃省、辽宁省、吉林省、广西壮族自治区、宁夏回族自治区。

四区:青海省、内蒙古自治区、西藏自治区、新疆维吾尔自治区。

特殊地区：中国香港、中国澳门、中国台湾。

了解地域划分后，卖家还需要对于不同地方的到货时效及费用预估有一个大概的认知。

预估费用及到达时效如下。

一区：到货时间约 1~2 天，费用每公斤约为 6 元，续重费用每公斤约为 1 元。

二区：到货时间约 2~3 天，费用每公斤约为 10 元，续重费用每公斤约为 8 元。

三区：到货时间约 3~4 天，费用每公斤约为 13 元，续重费用每公斤约为 10 元。

四区：到货时间约 4~5 天，费用每公斤约为 20 元，续重费用每公斤约为 18 元。

注明：以上时效及费用仅供参考。

作为卖家，快递费用会占卖家很大一部分成本，在开店前期运费成本偏高，随着店铺成熟，发货量增加，卖家的运费也可以与快递公司进行协商调整。通常影响快递费用的几个因素有：发货数量、包裹体积大小、包裹重量、常发地域等。

案例 1：卖家每日发货数量 20 件，但包裹重量约为 5 公斤，常发东三省等地，这种情况下我们需要与快递公司重点协商包裹续重费用或以商品 5 公斤为单位、每件包裹到达不同区域费用多少的方式进行协商。

案例 2：卖家参加淘宝天天特价活动，本期活动预估发货量 500~800 件，包裹小，重量不超 1 公斤，这种情况下可以与快递公司单独洽谈大批量的价格或全国通票价。

运费结算方式通常有两种：日结和月结。

- 日结：日发货量较少的情况尽量使用日结形式，运费账面清楚明了。
- 月结：日发货量大，当天计算运费较麻烦，选用月结统一结算方便。

但对于月结方式需要注意做好每日包裹发出数量及包裹重量标注，以防月底与快递公司核对时出现偏差，从而造成不必要的纠纷。

随着当前网购业务的日益增长，出现了很多的快递公司，目前大众熟知的有EMS、顺丰、申通、圆通、中通、韵达（以下简称三通一达）、全峰、优速等快递公司，卖家朋友可以根据自己店铺的实际情况选择合适的快递公司发货。

6.2 物流工具

前面已了解到快递公司对于全国各地有地域划分，地域不同费用也有所不同。作为卖家，为了能更好地去服务买家，商品到达不同城市的运费也可以单独进行设置，从而能做到个性化服务。

6.2.1 运费模板

运费模板是为一批商品设置同一个运费。当需要修改运费的时候，这些关联商品的运费将一起被修改。如果在发布商品时不想使用运费模板，可以在发布商品时不选择运费模板。如果大部分商品的体积和重量都很接近，那么建议使用运费模板功能。那么该如何在淘宝上设置运费模板呢？

运费模板设置步骤如下。

（1）登录淘宝网，进入"我的淘宝"；单击左边"我是卖家"栏目下的"物流管理"。然后单击"物流工具"，如图 6-1 所示，进入选择"运费模板设置"页面以后在页面上单击"新增运费模板"，如图 6-2 所示。

图 6-1

图 6-2

（2）现在开始设置运费模板了。如图 6-3 所示，首先填写运费模板名称。这里只是为了在设置了多个运费模板时方便区分，比如使用的是申通快递，就写"申通"，还可以按照商品品类进行填写，等等。

（3）接下来填写宝贝地址及发货时间（注：宝贝地址需填写商品发货地址，而非商品产地）。

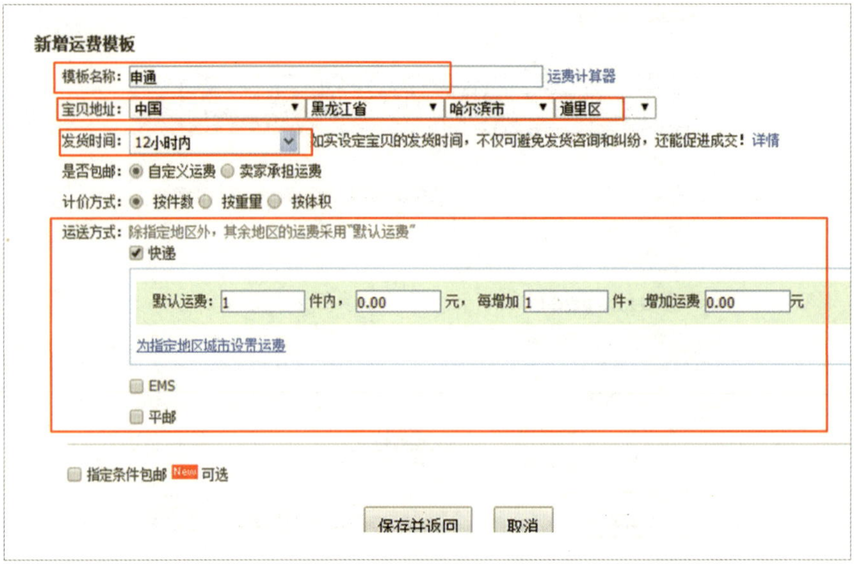

图 6-3

（4）选择并添加运费方式，这里有三个选项：平邮、快递、EMS。例如，出售的是服装，三种送货方式都可以，就在三个选项前打钩，这三项随之展开。设置默认运费，除设置的指定地区的运费之外，都将使用这个运费价格；每增加 1 件需要增加运费指的是如果卖家拍了 1 件以上的宝贝，第 1 件宝贝按照默认运费收取，第 2 件宝贝的运费则按照你设置的这个运费价格收取。也可以不设置这个价格，表示每多 1 件商品仍按照默认运费收取。

（5）设置指定地区的运费。因为快递费也是按地区、距离来收费的，所以可以给每个不同地区设置不同的运费价格。单击"为指定地区城市设置运费"，如图 6-4 所示，就会弹出地区选择框，然后在其中勾选要设置的地区，单击"确定"按钮。最后填上价格即可，如图 6-5 所示。

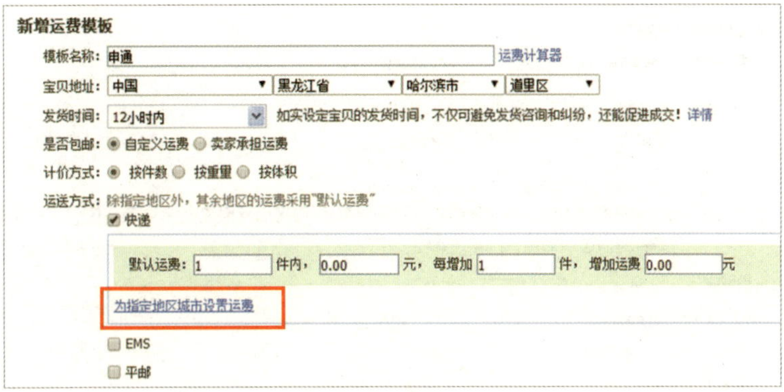

图 6-4

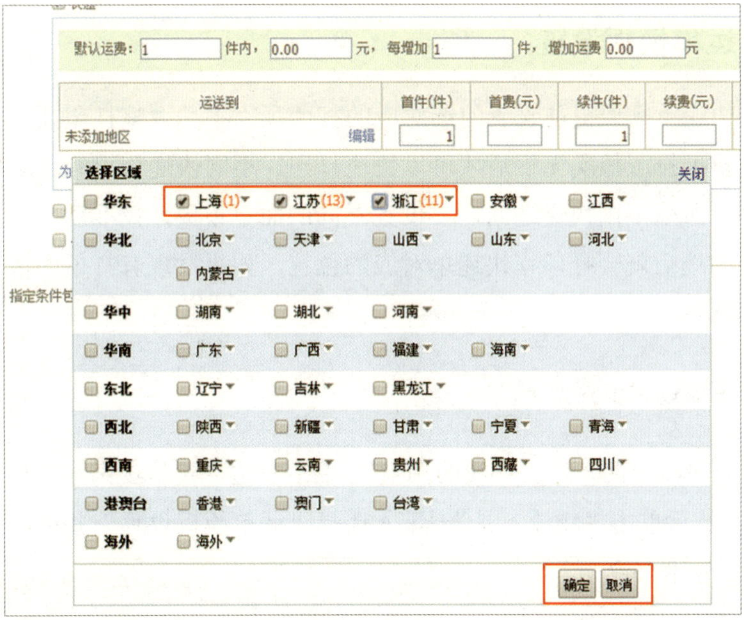

图 6-5

（6）保存运费模板。在接下来发布商品时下方就会有"宝贝物流及安装服务"选择窗口了，选择刚刚设置好的运费模板名称，这样商品就会按照刚刚设置的运费来执行了，如图6-6所示。

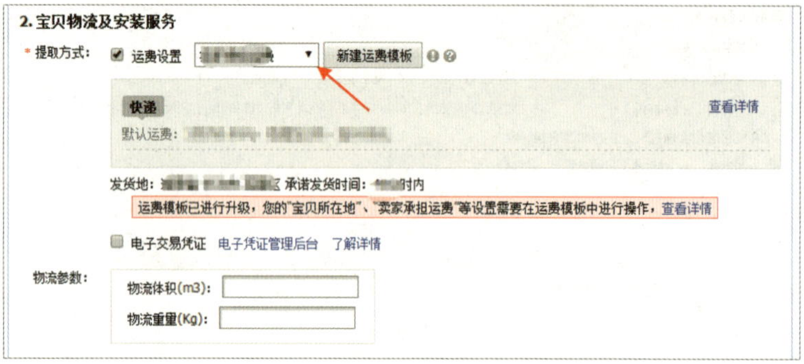

图 6-6

6.2.2 运单模板设置

淘宝快递单需要提前设置勾选对应的打印项、手动调整打印项的内容和区域，经过校准排版核实无误后才可以快速打印。不同快递公司的面单格式和位置不一样，所以不同快递之间需要设置不同的面单模板，校准后，添加卖家需求信息，勾选后就会打印在快递单对应的位置，如果发现有打偏的情况，可以实时进行调整。

运单模板设置步骤如下。

（1）登录淘宝网，进入"我的淘宝"；单击左边"我是卖家"栏目下的"物流管理"，然后单击"物流工具"，进入选择"运单模板设置"并单击"新建模板"按钮，如图6-7所示。

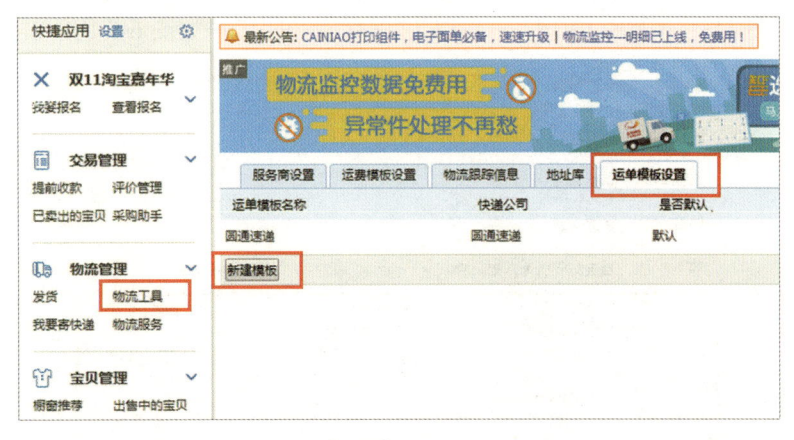

图 6-7

（2）选择合作快递，模板及尺寸自动生成显示，特殊尺寸可自定义填写，如图 6-8 所示。

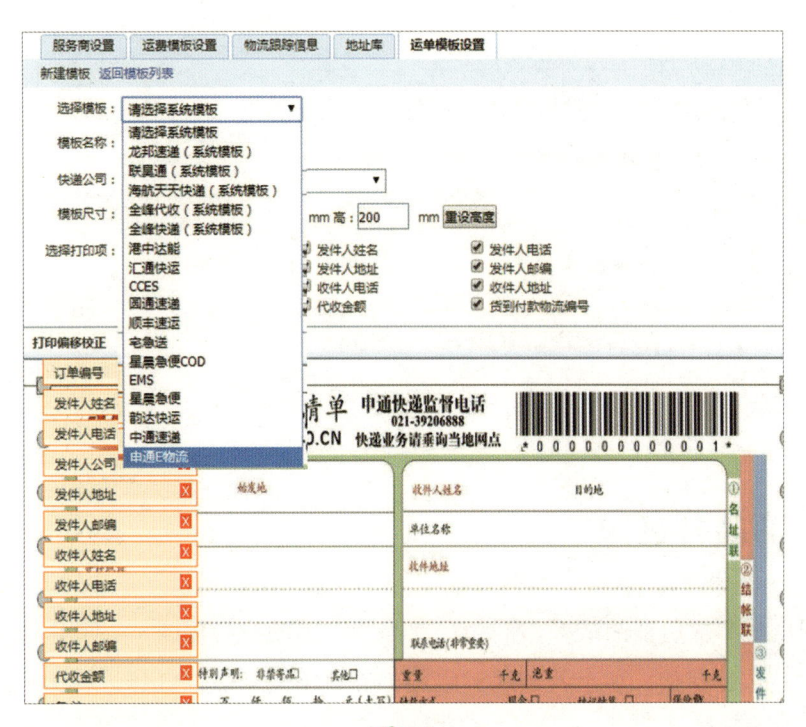

图 6-8

（3）选择打印项共 13 项，根据需求进行勾选即可，如图 6-9 所示。

图 6-9

（4）测试打印后如发现打印内容有偏差，单击运单样式右上角"打印偏移校正"按钮，在弹出的小窗口中填写偏移数值，如图 6-10 所示。

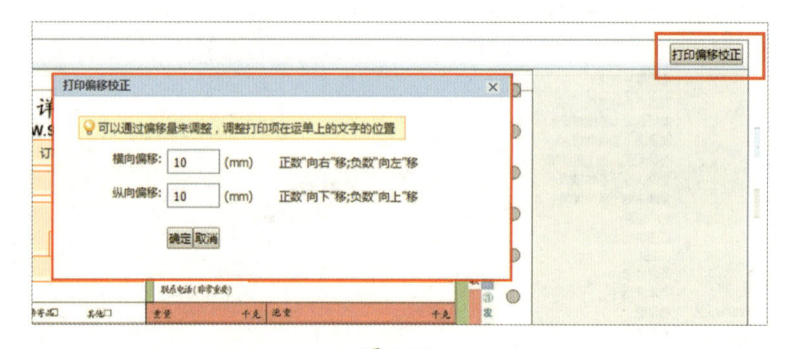

图 6-10

6.3 商品打包

网店与实体店铺的最大不同之处就是商品需要进行邮寄，在邮寄过程中需要对商品进行保护，加上各种保护设施。针对不同商品，打包过程中所选用的物料也是不同的。

对于易碎怕挤压商品建议采用牛皮纸箱，如果特殊商品怕挤压，可以适当添加气泡膜来进行保护。

案例1：化妆品或其他玻璃制品在打包的时候就需要很好地进行保护，加上一些厚实的空气气囊进行包裹，如图6-11所示。

图 6-11

案例2：礼盒或对包装要求较高的商品可以采用纸箱加普通气泡膜的方式进行打包，如图6-12所示。

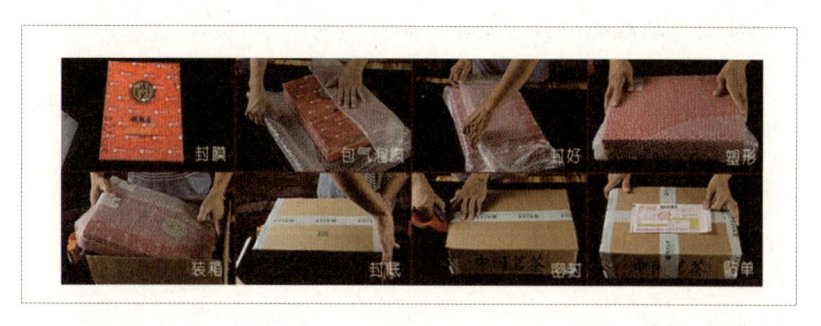

图 6-12

目前通用打包物料为袋包装（服装、玩偶等不易碎商品）、箱包装（食品、化妆品等易碎商品）、牛皮纸包装（书籍、手机卡等物体薄而不易碎商品）等，如图6-13所示。

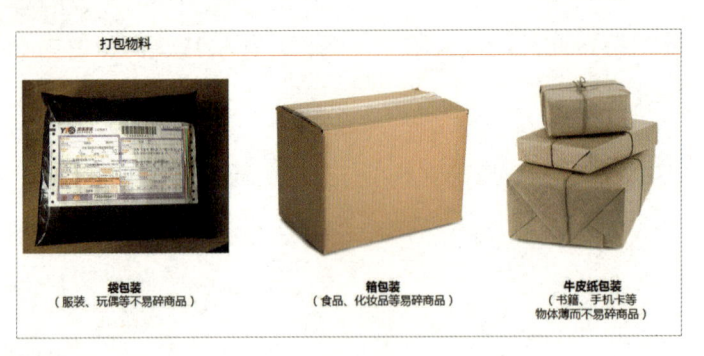

图 6-13

商品打包注意事项如下。

（1）易变形、易碎的产品可用泡棉、报纸等缓冲撞击，玻璃制品外可用木架框起。

（2）衣服、皮包、鞋子类产品盒子外用快递袋再次包裹一层。

（3）书刊类可用密封袋或牛皮纸包裹，防止进水。

（4）液体类产品瓶嘴用胶带缠住，瓶身用泡棉包裹减少震动冲击。

（5）贵重的精密电子产品除产品本身包裹严密外，盒子内部缝隙也应填充满。

（6）箱子四角用胶带固定，特殊产品包裹单上不要写是什么产品。

6.4　发货流程

买家拍下商品后我们需要打印及提交当前的订单，首先要学会查询待发货的宝贝及快递单号填写位置。

订单提交发货步骤如下。

(1)进入"我的淘宝",在左边栏"交易管理"下面选择"已卖出的宝贝"。

(2)在显示页面中可看到三个月内订单的所有交易记录,选择"等待发货",所显示的订单为待发货订单,单击订单后方的"发货"按钮,如图6-14所示。

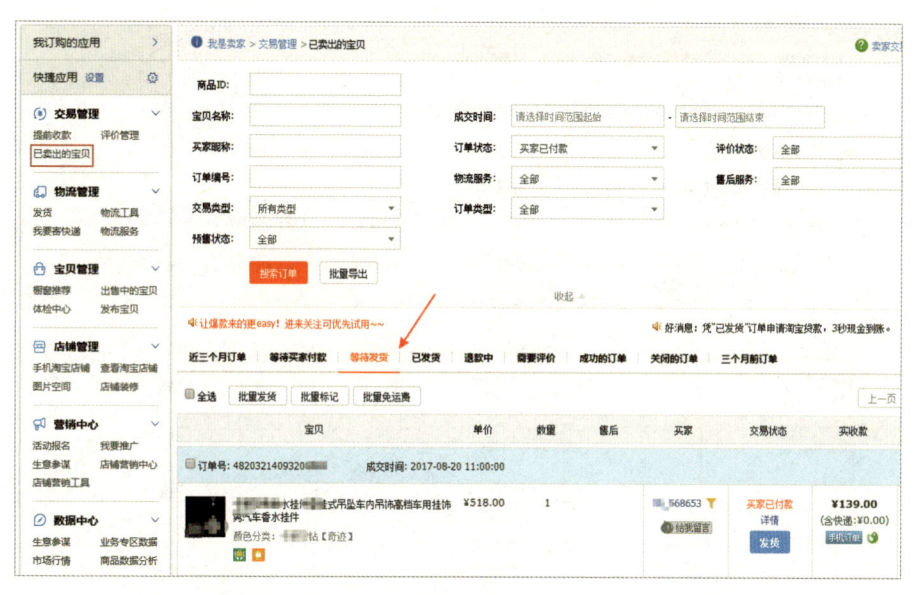

图 6-14

(3)发货页面有四个选项卡,分别为在线下单、自己联系物流、无纸化发货、无需物流,如图6-15所示。

图 6-15

- 在线下单：通过后台可以选择需要使用的快递公司直接下单，如图6-16所示。同时也会显示此快递所需运费，下单成功后快递公司会与卖家联系，上门取件。

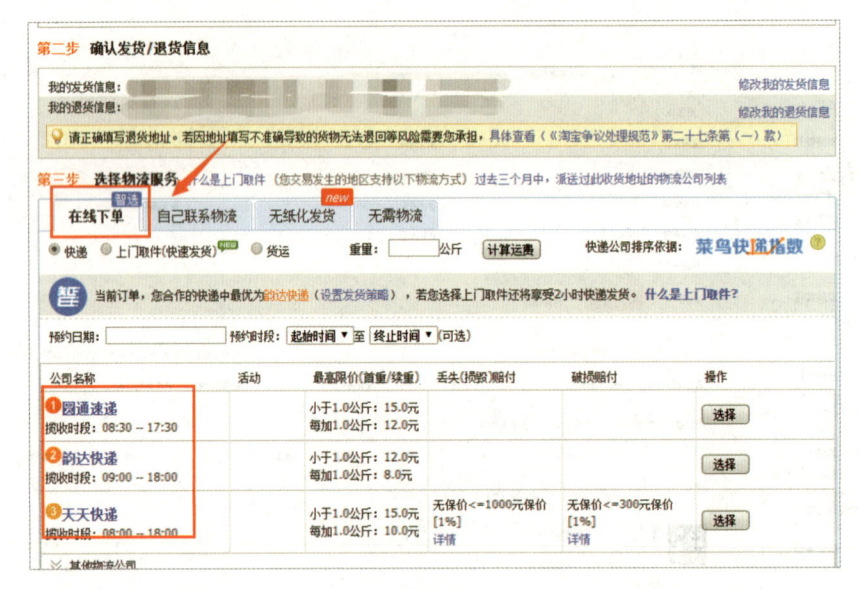

图 6-16

- 自己联系物流：卖家若有合作快递公司，直接填写该快递公司运单号即可，如图6-17所示。

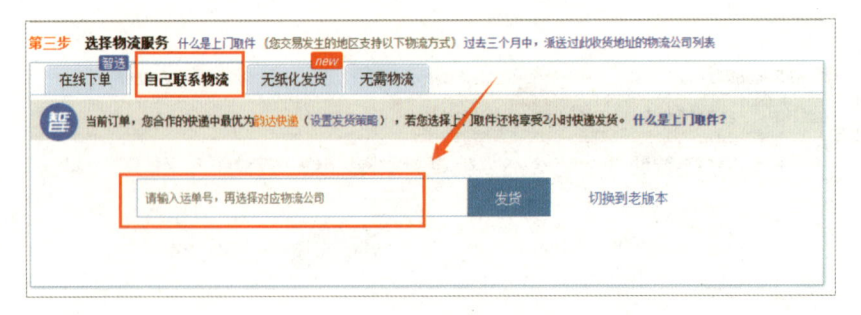

图 6-17

- 无纸化发货

在物流智能化的今天，淘系平台电商订单中，发货量在 30 单/天以下的商家由于受条件所限，没有配置打印机，每天仍有 400 多万票包裹在使用传统面单。商家仍需手动书写面单输入快递单号，揽收后快递公司需手动书写大头笔信息人工分拣包裹，大大影响商家发货和快递公司揽收中转派送的效率，同时还会出现面单和大头笔信息书写错误的情况。为解决这一场景难题，菜鸟推出无纸化发货产品方案。

淘宝卖家后台无纸化发货页面端口和快递公司快递掌柜端口实现数据对接，商家和对应快递员绑定关系后，只需在线点击发货即可自动获取运单号和揽件码完成智能发货。商家书写揽件码到对应包裹，快递员上门揽件回网点打印电子面单，根据揽件码匹配贴对应包裹入仓派送。

使用无纸化发货后，可以做到：提效——商家无须手写面单和填写单号；降成本——成本更低，无面单损耗；智能——派送更高效，降低出错率。

后台操作界面如图 6-18、图 6-19 所示。

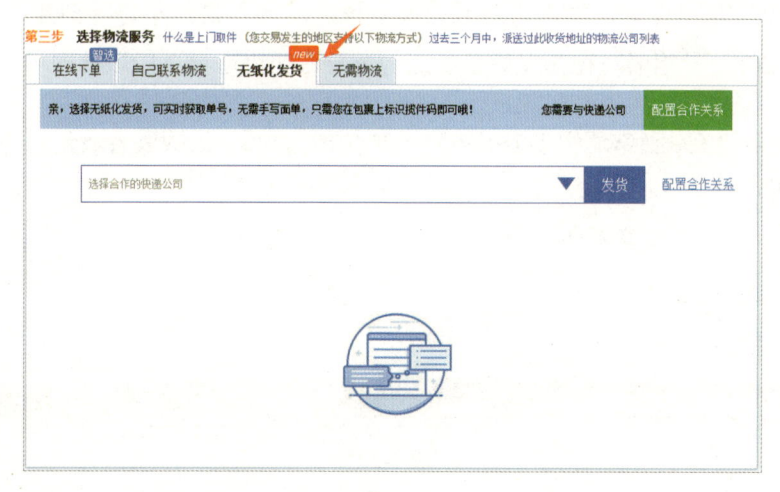

图 6-18

图 6-19

第一次使用需要配置合作关系，填写相应表单即可配置成功。

与快递公司合作关系配置成功后，单击"无纸化发货"，选择已经配置好合作关系的快递员信息，再单击"发货"按钮操作成功后，系统会显示自动获取的物流单号和揽件码信息，后台无须商家再手动输入物流单号。商家再将该揽件码用油性记号笔书写在待发货包裹上，及时通知快递员上门取件即可。

- 无需物流：通常适用于虚拟物品，如点卡、Q 币、游戏装备之类，如图 6-20 所示。

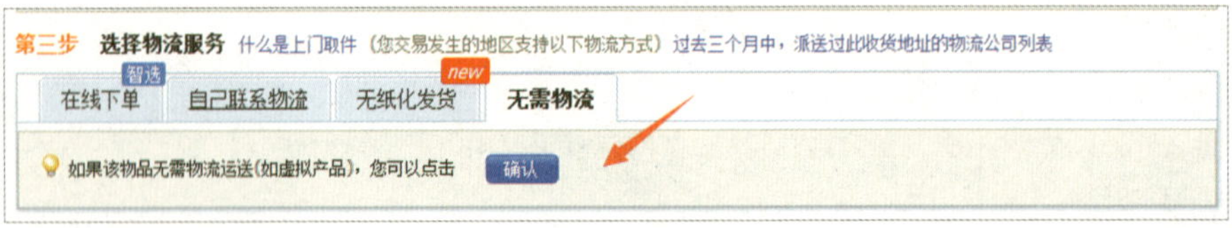

图 6-20

订单在打印及提交发货过程中，可以使用较为方便的批量打印方法进行，节省操作时间。

6.5 订单打印

这里介绍两种免费订单打印方法。

6.5.1 后台操作 - 订单打印

（1）进入"卖家中心"在左边栏中选择"物流管理"，单击"发货"按钮。

（2）选择页面中呈现的订单或需发货的订单后单击"批量打印运单"按钮，如图 6-21 所示。

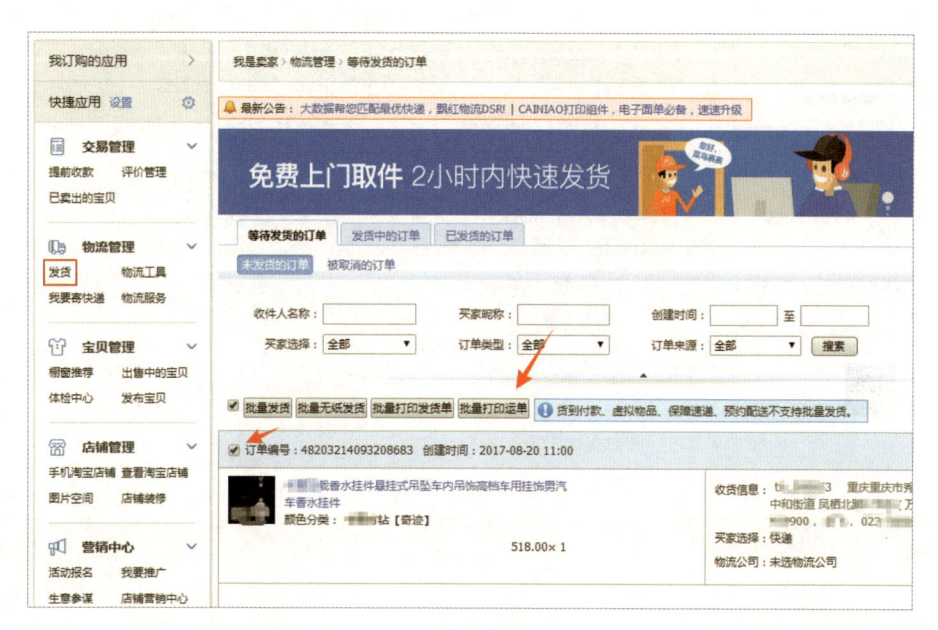

图 6-21

（3）选择已设置好的快递模板，填写起始运单号，下一订单快递单尾数自动加 1。单击"确定"按钮，如果没有问题，在弹出的页面单击"确认"按钮打印即可，如图 6-22、图 6-23 所示。

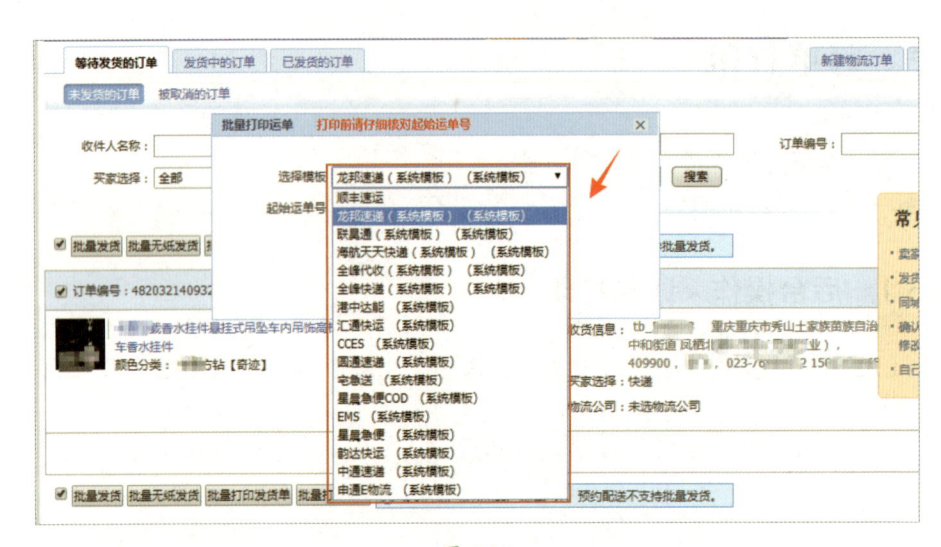

图 6-22

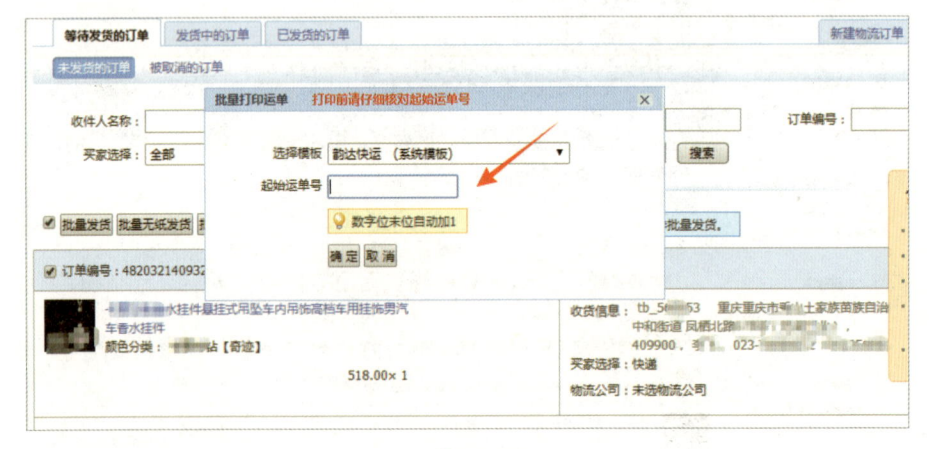

图 6-23

6.5.2 淘宝助理订单打印

淘宝助理是淘宝官方的一款免费客户端工具软件，它可以在不登录淘宝网时直接编辑宝贝信息，快捷批量上传宝贝。淘宝助理也是上传和管理宝贝的一个店铺管理工具。同时在淘宝助理当中也集合了订单打印、发货等功能。在这里为大家介绍一下如何使用淘宝助理打印订单，如图6-24所示。

图 6-24

（1）打开淘宝助理，要打印快递单，必须设置一个快递模板。选择"交易管理"→"模板管理"，如图6-25所示。在模板管理当中有三个选项：快递单模板、发货单模板、电子面单模板，如图6-26所示。首先选择"快递单模板"，在右边有快递模板样式选择，选择需要的快递公司运单样式进行编辑。快递单上可以选择显示的内容，除收、发件人信息外，还可以显示订单信息、买家留言等。在右侧的工具栏里都可以添加，也可以选择性地精简。设置完成后一定要记得保存。

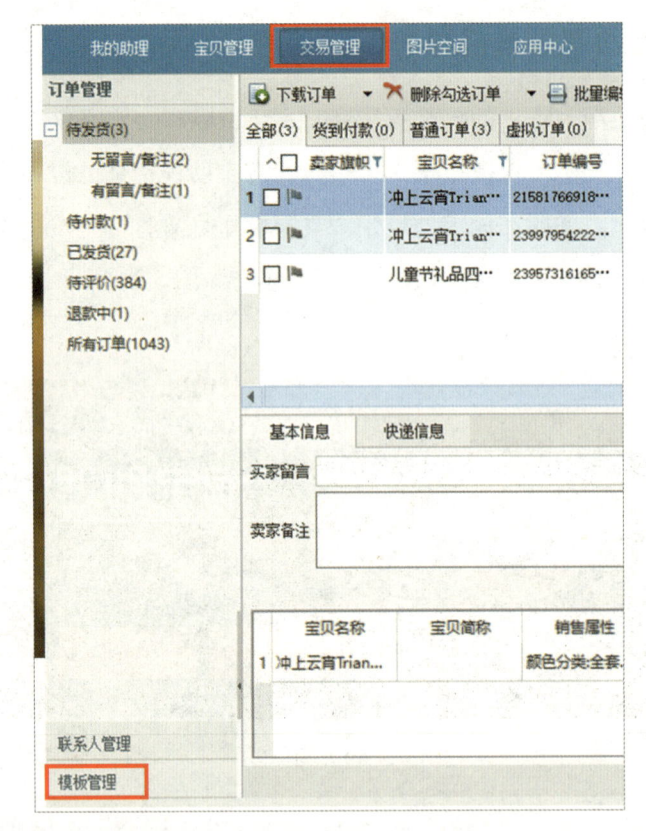

图 6-25

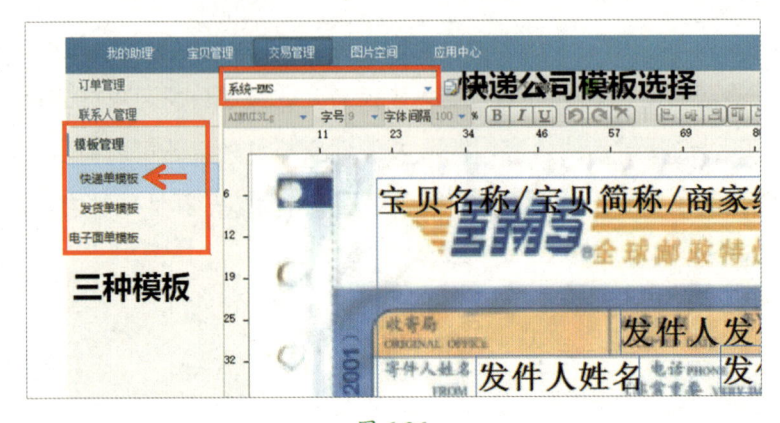

图 6-26

（2）发货单模板：选择发货单模板，右侧工具栏里的信息都可以添加及删除，如图 6-27、图 6-28 所示。

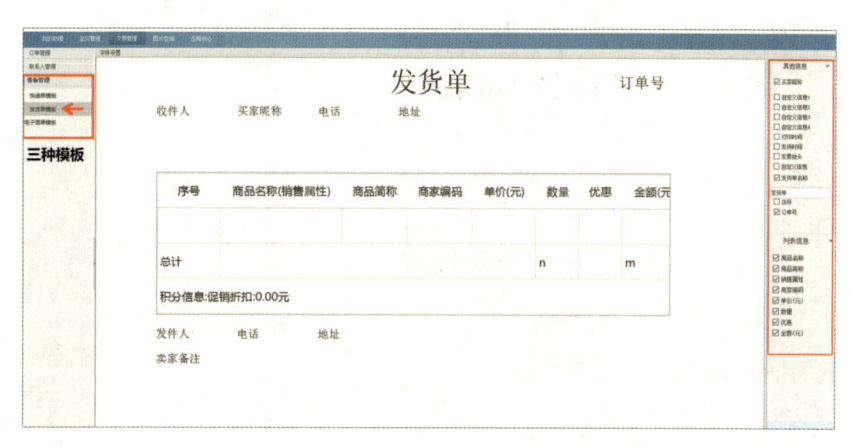

图 6-27

图 6-28

（3）电子面单模板：选择已开通电子面单合作快递公司，如运单显示内容需要修改，单击上方"编辑"按钮进行打印位置及内容的调整，如图 6-29 所示。

对淘宝助理模板的设置已初步完成，接下来需要了解如何进行订单打印提交流程。

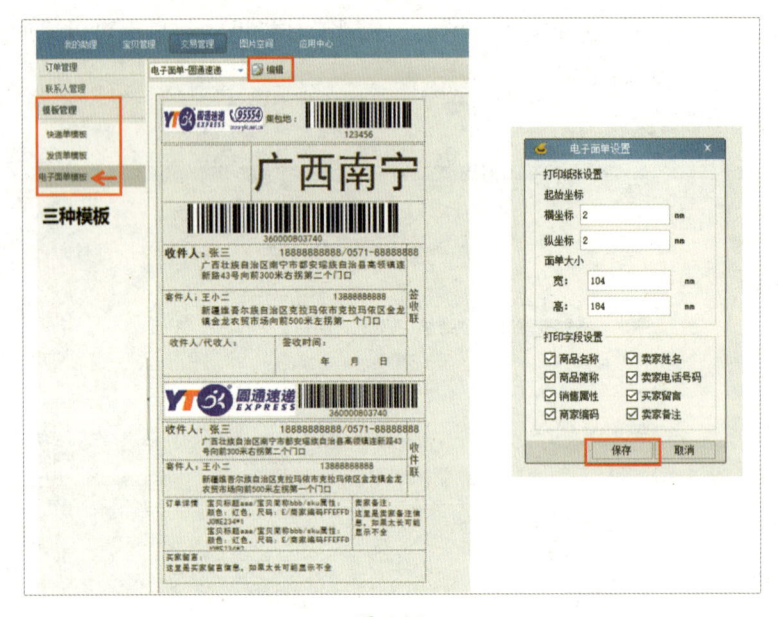

图 6-29

（1）打开并登录淘宝助理，选择"交易管理"，如当前订单当中没有显示最新的订单，单击"下载订单"，系统自动更新淘宝后台最新订单，如图 6-30 所示。

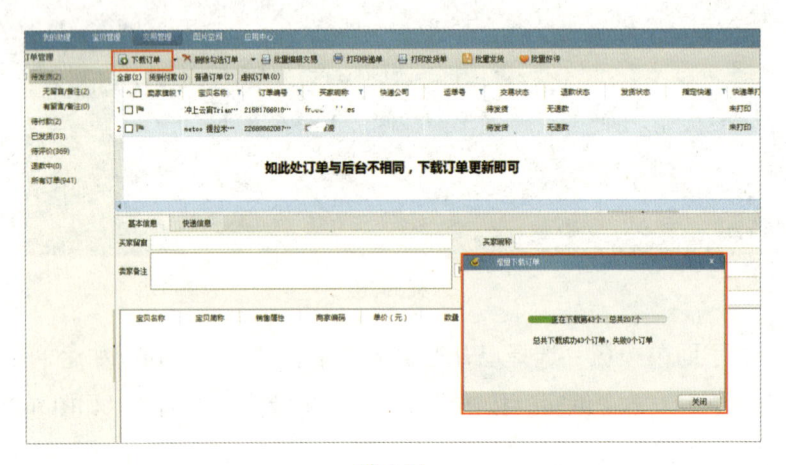

图 6-30

（2）勾选下载好的订单或需要发货的订单，单击"打印快递单"，如图 6-31

所示。在弹出的窗口中选择需要的快递单类别及所发的快递公司，最后填写运单号，单击"打印并保存"按钮，如图6-32所示。

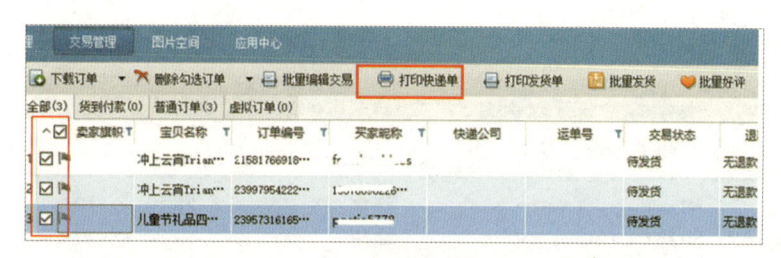

图 6-31

图 6-32

（3）在淘宝助理中选择"批量发货"，如图6-33、图6-34所示。在发货时如果有一个ID分开拍下多件宝贝，同一地址系统会自动合并打印，统一使用一个运单号。

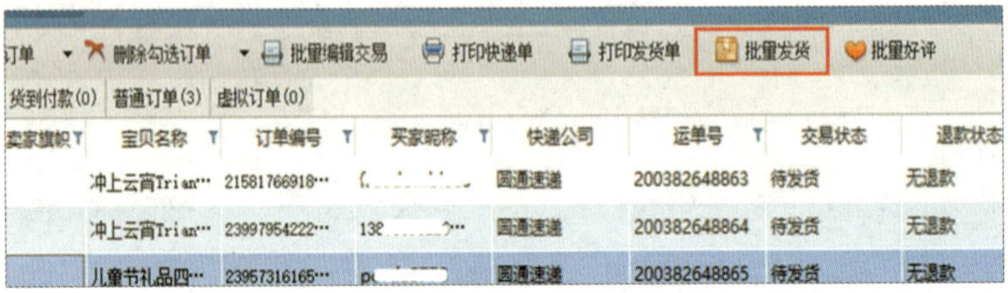

图 6-33

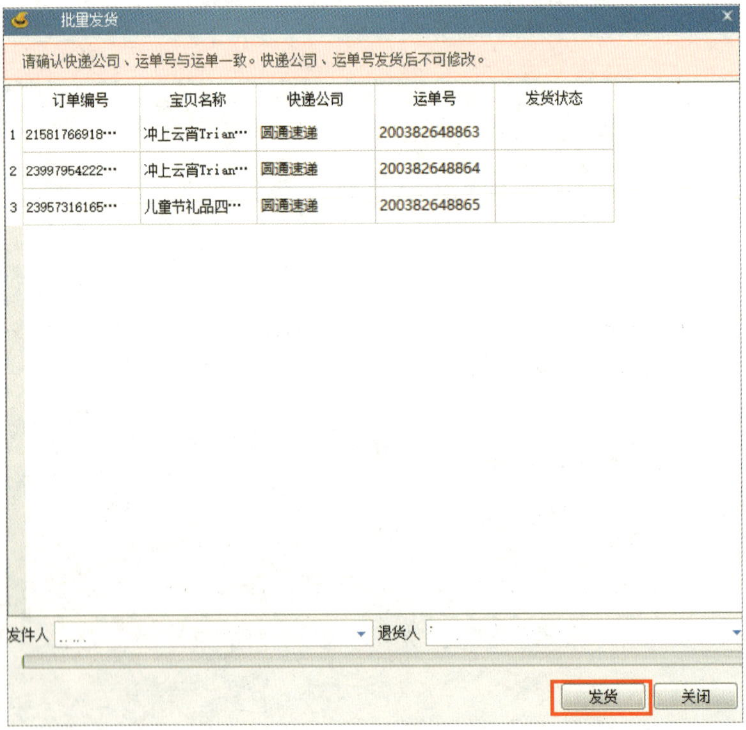

图 6-34

这样通过淘宝助理就可以进行发货处理了。

第7章

日常数据收集

日常数据收集所要收集的数据主要从三个角度出发：行业数据、竞争对手数据、店铺自身数据。看市场、看对手、看自己，这是每一个店铺都要学会去记录的。

其中行业数据可以每周更新，因为行业整体的变化需要一个时间周期，宏观来说一个行业每天都会有店铺做活动，也都会有店铺衰落或上升。所以行业数据的变化需要加上时间的维度才能看得更准确。

店铺自身数据和竞争对手数据每天都要收集更新，因为这样可以帮助卖家在第一时间作出决策。这两个数据的变化相对快，你上了一个聚划算活动或者对手上了一个淘抢购活动，可能瞬间就会拉大差距。导致之后搜索、直通车、活动甚至整体策略都会变化。

收集行业数据的目的是为了对行业趋势进行分析，去判断行业是在增长期还是平稳期或是衰退期，并且还要看出所选择行业的竞争度是激烈还是温和，也就是所谓的行业是在"蓝海"还是"红海"。主要看几个数据：行业交易指数、行业访客数、行业收藏数、行业加购数、卖家数。

参考工具选用"生意参谋"里面的"市场行情专业版"，需订购（3600元/年起）才能使用，如图7-1所示。

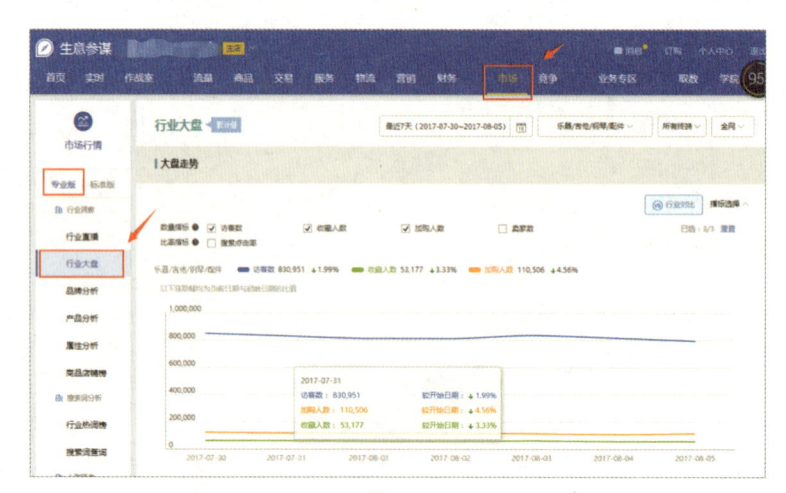

图 7-1

订购完毕后单击"市场行情"然后单击"行业大盘"。大多数情况下行业趋势是增长的，行业的访客数、收藏人数、加购人数都是同比增长的。所以一般会选择访客数和加购数作为参考。看最近 2 年的变化，就要去看同比数据和环比数据，例如，今年 10 月相比去年 10 月及前年 10 月的数据，是增长还是下降。环比数据就是每一段时间内他的增长和下降趋势。一般情况下我们会看一年的数据。因为每年的 11 月、12 月都是销售旺季。1 月、2 月因为过年的关系都是销售淡季。如果你拿 2016 年 1 月的访客数与 2015 年 11 月的访客数进行对比，会发现趋势是下降的，从而得出"市场行情在变差"的结论显然是不对的，所以必须要看同比和环比 2 个数据。大多数类目判断趋势通过看访客数就够了，因为行业没有销售额数据，但是一般访客数和销售额是同比增加或下降的。保险起见再看一个加购数。因为加购和收藏及销售额一般是同增同降的。然后再分析行业竞争度。一般应该是用行业销售额除以行业商家数，然后看数值的变化，但是阿里没有把行业销售额这个数据公开，所以笔者会用访客数除以商家数，或者用加购数除以商家数然后去看数值的变化，再结合 TOP 20 销售额占比总行业销售额去判断这个行业的竞争度。笔者多数情况下看的也是一年的总数据。对于二级、三级类目，笔者还会看子行业交易排行支付金额在父类目中的占比，如图 7-2 所示。

子行业交易排行			
行业名称	支付金额较父类目占比	支付金额较上一周期	卖家数占比
扫地机器人	15.06%	↑2.50%	12.58%
空气净化/氧吧	13.02%	↑25.82%	20.30%
吸尘器	12.48%	↑7.54%	16.00%
挂烫机	7.84%	↑32.98%	13.77%
其它生活家电	7.24%	↓2.81%	31.56%

图 7-2

在行业报表中笔者会额外看客单价，因为要知道这个行业现在客单价是多少及其发展趋势是趋于低价路线，还是高价路线，以便于自身为产品定价，如图 7-3 所示。

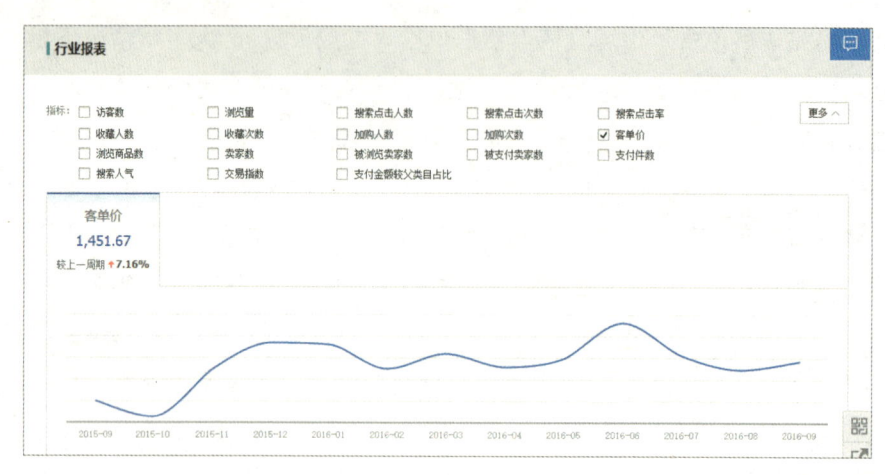

图 7-3

分析完市场以后，需要分析竞争对手，如图 7-4 所示，先看品牌排行。

图 7-4

根据自己的等级，如果是一级类目的大商家 TOP 50 以内的，需要先把一级类目底下的 TOP 20 商家找出来。知道它们的品牌、一年的成交指数、增长幅度，以及支付商品数和支付转化率。如果你是中低层卖家，需要把你所在的二级类目 TOP 20 商家拉出来。知道它们的品牌、一年的成交指数、增长幅度，以及支付商品数和支付转化率。最好一直做到对应的三级类目。三级类目一般是做 TOP 10 的品牌。以上 TOP 多少和这个类目大小有关，还与你的层级有关。去看所拉出来的 TOP 商家的品牌详情，如图 7-5 所示。

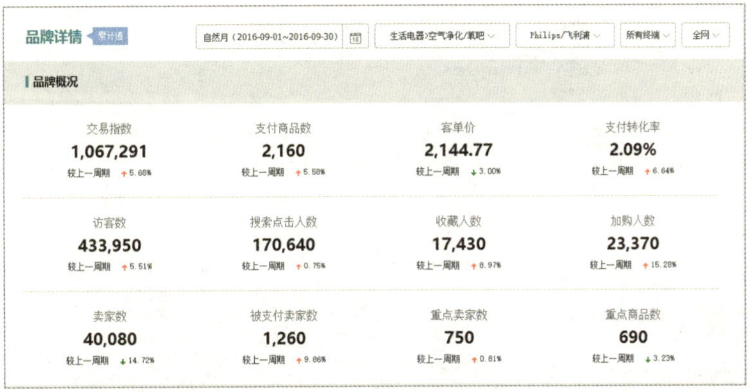

图 7-5

对于每个商家，去记录它每个月的交易指数、访客数、收藏数、客单价、支付转化率、卖家数和重点卖家数。特别是你要在短期超过的对手，你要做到剖析每个指标以后都去超过它。类目构成是看它主营类目在什么地方，远期对手绕开，近期对手进攻。也就是古人说的"远交近攻"。支付价格构成再细化看它的主要成交价格是在什么区间。如图 7-6 所示是你竞争对手的画像，你要牢记，因为你的直接对手的消费者画像应该和你是相同的。

你每周也要记录一下热销商品和店铺。特别是对于那种分销店做得好的，你要重点研究。单击热销单品的"更多"按钮，你会看到很多热门的商品。然后查看详情，去记录你要超过的那个单品的支付子订单数、支付转化率指数、支付件数，如图 7-7 所示。

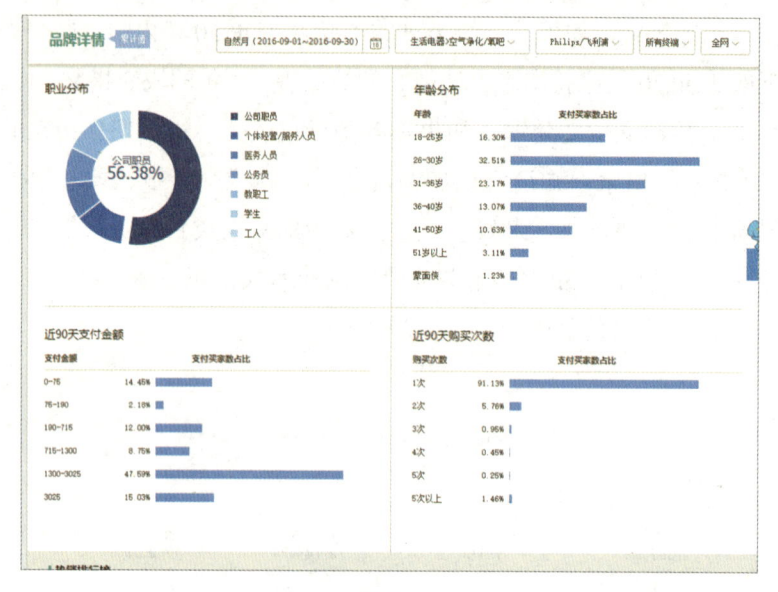

图 7-6

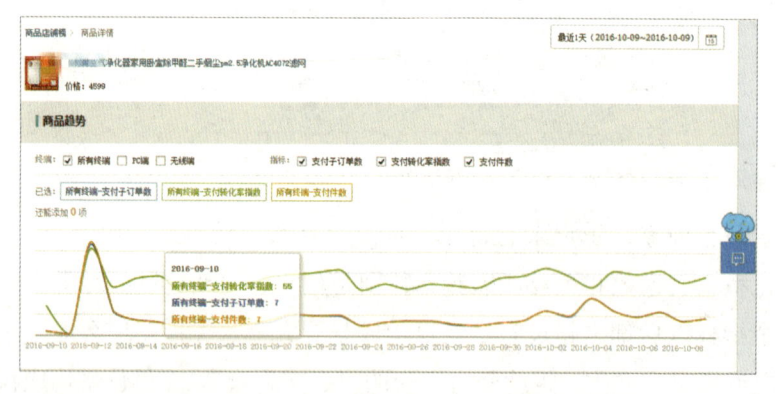

图 7-7

去看其增长爆发趋势是日常稳步增长还是因为活动而呈突发性增长。对于因为某一场活动而突然暴涨，但是平时销售一般的，我们可以略微关注。主要关注平时卖得非常好的那些。

我们要看它们的访客来源，以及引流关键词。这些是每天都要记录的，记录搜索人气、点击率和转化率，以及直通车参考出价。你要知道你的对手为什么强,它的主要流量是从哪里来的,细到每一个流量端、每一个流量词。然后想尽办法超过它,最后要在各个渠道端击败你的对手。

我们还要看产品结构的属性详情,如图 7-8 所示。

图 7-8

详情中会根据不同类目把其所对应的属性都标出来,然后去看有哪些属性是好卖的。

另外,去看自身的流量渠道,这分为三个模块:搜索流量渠道、付费流量、老客户。首先你要记录你的店铺每天日常的流量情况,每天各个引流渠道给你带来多少流量。

分析完对手之后,开始分析自身。每天要记录的店铺数据其实是由一个最基本的公式演化出来的:销售额 = 访客数 × 转化率 × 客单价。也就是你每天的销售额等于每天来了多少人到你店里,他们中有多少人愿意买你的东西,每个人愿意在你这花多少钱。"有多少人来你店里"就是访客数。通过"其中有多少人愿意买"就可以得出转化率,转化率又可以衍生出询单转化率和静默转化率。询单转化率就是有多少人来咨询你,最后有多大比例成交。如果这个值低于行业平均水平,那就可能是你的客服接待能力有问题。静默转化率可认为是你的顾客来了店里以后没有咨询你的客服而直接购买了你的产品。如果静默转化率低于行业水平,最直接的反馈就是你的店铺设计、详情设计需要加强。深层次的原因可能是运营端问题。还有几个数据可以帮助你得出这个结论,就是你的跳失率和加购件数及收藏件数。还有一组数据可以反映消费者是否愿意在你这里多花钱。包括平均访问深度(这个数据就是顾客在你店铺里面看了多少页)、平均停留时间(这个数据就是顾客从进你店铺的任何一个页面开始计算到他离开你的店铺用了多长时间)、客单价(最直观能表明顾客在你店里花了多少钱)。还有一些数据非常关键,就是 DSR 和售后退款。这些数据体现了你的服务能力,对于报名活动来说是非常重要的。很多活动对店铺 DSR 和售后服务综合能力都有要求,低于标准活动都无法报名。后期我们还要看很多其他细化数据,比如:响应时间、响应率、店铺动销率等,这些数据将进一步帮助我们优化店铺。

看完店铺整体数据,还要看单品的数据,即单品的访客数、收藏数、加购数、支付件数、支付笔数、转化率。对于店铺最主要的几个单品,这些数据每天都要记录。其次,搜索流量,还要记录你的成交关键词的搜索曝光、引流效果、转化效果。详细看搜索排名、曝光量、点击量、点击率、浏览量、访客数、跳出率、支付买家数、支付件数、支付金额、支付转化率。然后还要记录 SKU 销售详情,看自己店里哪个款更好卖。对于重点的商品还要记录来访和销售的 24 小时趋势图。这对上下架时间是有帮助的。成交地域 TOP 5 这些对你的直通车、钻石展位开定向人群的时候有用。店铺新老访客是看老顾客回头率如何。直通车和钻石展位、对应活动也都有专项的表需要每天记录,这些记录的数据可以帮助你更好地提高产出比和活动通过率。

对于一般店铺来说,这些日常数据的收集就已经够用了。在判断的时候一定要看同比和环比两个数据,千万不能只看一个,那样做出来的判断会有错误。一切数据都是围绕这个最简单的公式所延展的:销售额 = 访客数 × 转化率 × 客单价。看市场,看对手,看自己并且结合这个最基本的公式去思考,做出最适合自己的日常收集表。

快抓住中国电商第三次浪潮！

电商图书旗舰品牌 博文电商

淘宝官方首套内容电商运营系列丛书！

- 直击人心的**图文内容**打造与传播
- **爆款视频** 内容打造与传播
- **淘宝直播** 运营与主播修炼手册

精品电商图书

互联网销售宝典
——揭示通过网络让销售业绩和成交转化率倍增的秘密
ISBN 978-7-121-31401-8
作者：江礼坤 黄琳

电商、微商、保险、在线客服、门店销售等各类销售行业从业者争相传阅的成交秘籍。

淘宝天猫店是如何运营的
——网店从0到千万实操手册
ISBN 978-7-121-31376-9
作者：贾真

行业Top10卖家运营干货分享，淘宝天猫运营必读。

互联网+县域：
一本书读懂县域电商
ISBN 978-7-121-27946-1
作者：淘宝大学 阿里研究院

县域电商怎么看？怎么办？怎么干？

网络营销推广实战宝典（第2版）
ISBN 978-7-121-27574-6
作者：江礼坤

第1版获全行业优秀畅销书奖！
网络营销看本书就够了！

中国零售
ISBN 978-7-121-30823-9
作者：子道

新零售时代阅读，读懂消费者，吃透新市场。

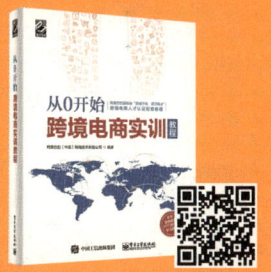

从0开始——跨境电商实训教程
ISBN 978-7-121-28729-9
作者：阿里巴巴（中国）网络技术有限公司

跨境电商人才认证配套教程。

农村电商
——互联网+三农案例与模式（第2版）
ISBN 978-7-121-30935-9
作者：魏延安

县域电商和电商扶贫参阅，曲天军汪向东毕慧芳亲笔作序。

一个电商运营总监的自白
ISBN 978-7-121-31001-0
作者：金牛坤

淘宝天猫京东网店一线员工、运营、创业者争相传阅！
前阿里运营大咖十年经验总结！

电子工业出版社咨询或投稿，请联系010-88254045，
邮箱：zhanghong@phei.com.cn

在哪儿可以买到这些书？
线下书店、当当、京东、亚马逊、天猫网店均可购买。

反侵权盗版声明

电子工业出版社依法对本作品享有专有出版权。任何未经权利人书面许可，复制、销售或通过信息网络传播本作品的行为；歪曲、篡改、剽窃本作品的行为，均违反《中华人民共和国著作权法》，其行为人应承担相应的民事责任和行政责任，构成犯罪的，将被依法追究刑事责任。

为了维护市场秩序，保护权利人的合法权益，我社将依法查处和打击侵权盗版的单位和个人。欢迎社会各界人士积极举报侵权盗版行为，本社将奖励举报有功人员，并保证举报人的信息不被泄露。

举报电话：（010）88254396；（010）88258888

传　　真：（010）88254397

E-mail：dbqq@phei.com.cn

通信地址：北京市万寿路173信箱　电子工业出版社总编办公室

邮　　编：100036